WHITE PAPER OF
CHINA'S
ONLINE PAYMENT SECURITY

中国网络支付安全白皮书

网络支付结构创新与风险治理

巴曙松　杨彪　朱海明　等著

中国发展出版社
CHINA DEVELOPMENT PRESS

图书在版编目（CIP）数据

中国网络支付安全白皮书/巴曙松、杨彪、朱海明等著．—北京：中国发展出版社，2014.1
ISBN 978－7－5177－0073－9

Ⅰ.①中… Ⅱ.①巴… ②杨… ③朱… Ⅲ.①因特网—应用—银行业务—安全技术—白皮书—中国 Ⅳ.①F832.2

中国版本图书馆 CIP 数据核字（2013）第 311244 号

书　　　　名：中国网络支付安全白皮书
著作责任者：巴曙松　杨　彪　朱海明　等
出　版　发　行：中国发展出版社
　　　　　　　（北京市西城区百万庄大街 16 号 8 层　100037）
标　准　书　号：ISBN 978－7－5177－0073－9
经　销　者：各地新华书店
印　刷　者：北京科信印刷有限公司
开　　　　本：710mm×1000mm　1/16
印　　　　张：15.75
字　　　　数：180 千字
版　　　　次：2014 年 2 月第 1 版
印　　　　次：2014 年 2 月第 1 次印刷
定　　　　价：45.00 元
联 系 电 话：(010) 68990642　68990692
购 书 热 线：(010) 68990682　68990686
网 络 订 购：http://zgfzcbs.tmall.com//
网 购 电 话：(010) 68990639　88333349
本 社 网 址：http://www.develpress.com.cn
电 子 邮 件：fazhanreader@163.com

版权所有·翻印必究

本社图书若有缺页、倒页，请向发行部调换

编委会名单

课题组顾问： 宋　海　全国政协常委、副秘书长，中国民主建国会

　　　　　　　　　副主席，研究员，博士生导师

　　　　　　陈志武　耶鲁大学金融经济学教授

　　　　　　王　能　哥伦比亚大学商学院金融学教授

课题组组长： 巴曙松

课题协调人： 杨　彪　华中炜　朱海明

课题组成员： 黄文礼　吴　博　谌　鹏　王留成　窦少霞　武　鑫

　　　　　　邱思骏　禹　路　高　扬　杨　惊　杨延平

前言 FOREWORD

　　网络支付的迅速发展,成为当前国内外金融业发展的一个十分引人注目的新趋势,也在深刻地影响着从传统的金融支付结构到金融市场的其他方面。但是,从理论研究的进展看,这一产生影响深远的重要金融创新趋势,受到金融研究界的关注并不多。

　　巴曙松研究员是国务院发展研究中心重点基础研究领域"国际经济金融结构研究"课题的负责人。为了从整个国内外金融结构变迁的大背景来加深对网络支付服务的安全认识,提升网络支付参与者的风险识别和风险应对能力,促进网络支付服务安全和效率水平的提高,巴曙松研究员于2013年1月组织不同部门和金融机构的研究人员,进行了多方面的调研。具体结合中国网络支付发展的现状,对网络支付风险因素、网络支付机构风险控制以及网络支付产业链安全合作等重大问题进行了研究,并从推动网络支付行业健康、规范发展的目标出发,就网络支付行业健康有序发展的若干深层问题进行了思考与探索。2013年11月20日,在中国支付清算协会主办的"网络支付安全论坛"上，正式发布了《中国网络支付安全白皮书》（以下简称《白皮书》）。

  与此前学术界、实务界研究网络支付安全的视角相比，《白皮书》更加注重网络支付安全研究的宏、微观结合。这一点较为鲜明地表现在两个方面：一是更多地从支付行业的整体性出发，重点研究、预判网络支付行业对整体经济、金融活动安全与效率的影响，更倾向于对网络支付宏观风险的研究；二是从微观支付业务特性出发，从抽象与具体相结合的视角，审视网络支付业务运行中的具体风险环节，采取抽丝剥茧的方式，力求更为透彻、全面地剖析网络支付业务的微观风险。课题组希望通过这种更为全面视角的研究尝试，能够把些许有益的参考和启迪带给网络支付行业参与各方，并给方兴未艾的互联网金融研究活动以借鉴。当然，由于专业背景及视野的局限性，《白皮书》中难免存在疏漏与错误，敬请读者批评指正。

作　者

2014 年 1 月

摘要 ABSTRACT

随着信息技术的飞速发展,电子商务已逐渐成为人们日常商务活动的重要形式之一,网络支付也成为广大网民日常生活中越来越最重要的一种支付方式。这其中,非金融机构提供的网络支付服务因其机构众多、增长迅猛、创新活跃的特点,吸引了包括监管部门、行业研究、学术研究乃至消费者等各方的高度关注。

中国人民银行对网络支付的官方定义是,"依托公共网络或专用网络在收付款人之间转移货币资金的行为,包括货币汇兑、互联网支付、移动电话支付、固定电话支付和数字电视支付等"。2012年,第三方支付市场整体交易规模已达12.9万亿元。截止2013年7月,我国持有牌照的第三方支付企业已达250家,其中提供网络支付服务的第三方网络支付机构超过80家。回顾中国网络支付过去15年的发展历程,依据产业发展不同时期的标志性事件及监管环境特点,其业务模式的发展历程大致可分为支付网关、信用中介、行业支付应用和规范与监管并重等四个阶段;而从电子商务以及支付手段的创新角度,又可将网络支付划分为C2C、B2B、移动电商和O2O等四个发展阶段。发展至今，网络支付产业链的参与者已涉及消费者、商户、网络支付机构、银行、网络支付安全保障者、行业自律组织以及政府监管机构等。

中国经济的发展、消费文化的改变、技术进步以及法律法规的完善将继续促进网络支付行业的快速发展。受我国网络支付机构地域集中，市场集中度高的影响，未来网络支付行业的市场发展走向将逐渐呈现出两大特征：其一是市场占有率较高的大型机构将会通过并购、跨界合作进一步做大做强；其二是多种中小型机构将会走向专业化道路以寻求生存和发展的空间。其中移动支付、全球化以及多元化将会成为未来网络支付行业最重要的发展趋势。同时，随着"跑马圈地"时代走向终结，下一阶段商业银行和网络支付机构间竞争、交叉、渗透和融合时代会逐渐到来。在此过程中，创新能力将会成为行业发展的关键因素。

在网络支付时代，数字化的、非面对面的新型支付方式面临着新的风险因素。《中国网络支付安全白皮书》（以下简称《白皮书》）主要从业务特性和参与机构等两个视角观察分析网络支付面临的风险，评估判断中国网络支付安全的基本情况与焦点问题。

从支付行为要素的视角来看，货币资金形态、支付指令形态、信息传输和网络交易的外部环境都发生了变化，带来了新的风险。此外，根源于市场、具有较强自生性特点的网络支付业务规则也影响着网络支付的安全与效率。首先，货币资金形态发展变化带来的风险，包括账户实名制落实不到位而导致的整体环境恶化风险，沉淀资金管理所带来的清算效率影响，及虚拟货币发行影响货币政策的风险。其次，支付指令形态发展变化带来的风险，主要有网络支付机构间支付指令生成机制通用化程度低带来的网络支付效率的影响，支付指令生成机制的安全漏洞风险，以及银行卡自身安全带来的网络支付风险。再次，信息传输安全风险与源自网络渠道的外部欺诈风险，构成了支付指令传输渠道发展变化中的主要风险。最后，网络支付业务规则的多元化和个性化也给网络支付安全和用户体验带来了一定的影响。

从支付行为参与主体的视角来看，网络支付风险的防范和治理需要参与各方在安全与效率目标中进行取舍、博弈与平衡。其中，网络支付机构最为关注的是操作风险，同时需要重点考虑数据信息安全管理风险和政策变动带来的风险，而信用风险和市场风险的重要性就相对较低；政府监管机构的关注重点在于合规风险、系统性风险的管控和良好的外部环境营造，特别是覆盖到位的有效监管等方面；而网络支付用户的关注重点则是交易、信息与账户资金的安全，其他诸如网络支付参与各方权利、义务的明确与强化，社会信用环境的改善以及网络支付服务的创新与效率的提升等，则是参与各方共同关注的问题。

通过上述两个视角的观察与分析，结合当前影响中国网络支付安全的四类典型风险事件，报告提出了对中国网络支付安全的总体判断：中国网络支付安全风险可控，总体平稳，趋势向好；只要提前重视、规范和提前筹划，风险可控。在总体判断的基础上，《白皮书》对网络支付的各类风险因素进行了重要性判断，对网络支付机构和政府监管部门这两个重要参与者开展网络支付风险治理提出了针对性建议；并对关系网络支付安全治理的宏、微观因素进行了深度分析，指出现阶段网络支付机构内部的治理和网络支付外部环境的改善对于中国网络支付安全都具有重要意义。

在网络支付机构内部治理方面，目前我国大部分网络支付机构大都亟须在公司治理、内部控制以及应对公众监督等方面参考成熟经验，并根据自身的实际需要建立有效的风险管理架构。首先在内部环境即公司治理结构上，网络支付机构作为公司制法人，其公司治理应当符合一般公司治理的基本原理，而且还应设置专门的内控机构和安全管理部门。政府监督、行业自律以及舆论监督等外部环境，对网络支付机构风险管理的环境具有重要影响。其次，网络支付机构应建立准金融级别的内部控制架构。主要包括以下部门：独立的资金管理部、风险管理部、合规与法律部、内部审计部、系统安全部以及公关与用户服务部等。有效的风险管理和内控机制，主要通过基于前中后台的"四道防线"协同运作来保障网络支付的信息安全、交易安全和数据安全。最后，为了保护用户在网络支付过程中的资金安全、信息安全，网络支付机构需要研究和运用各种安全技术，以应对网络支付的各类具体风险。

在网络支付风险防范的产业链合作方面，《白皮书》从产业链各方参与者的安全诉求出发，探讨安全合作与分工的必要性及合作要点。首先介绍了我国网络支付产业链的五个层次和七个主体，并分别分析了各层主体对安全和效率的诉求，分析发现产业链各方在支付安全与效率的大部分领域是一致甚至重叠的，而在个别领域的安全诉求强度的不同则为产业链各方的安全合作提供了必要的基础。其次，以第三方支付服务层为切入点，阐述其与产业链其他主体在安全和效率

摘 要

方面的重点合作领域，以及当前我国网络支付产业链安全合作的薄弱环节，从资金安全、信息安全、风险分担、风险联合防范几个角度提出了推动我国网络支付产业链安全合作的基本思路和具体建议。同时，结合我国目前网络支付产业链风险分担的现状和相关的国际经验，提出了在确保整个网络支付体系健康稳定的目标下，在商业银行、支付机构、用户等多方合作的基础之上，依据过错推定、损失分散等原则，来建立我国网络支付产业链风险分担规则的具体设想。

在网络支付创新与合规监管的互动和博弈方面，《白皮书》通过典型案例的分析，指出合规监管对某些支付创新行为容忍度较低的根本原因是这一类支付创新动机不纯（并不针对合法、合理需求的、纯粹的商业动机），且其影响更高层次政策目标，如维持货币体系稳定、反腐倡廉、税收征管等。而实现网络支付和监管之间的良性互动的前提条件则是该创新必须以改善支付为核心，并以提高支付的安全和效率为核心追求。为了实现创新和监管的良性互动，监管层面需要在确保行业负外部性受到审慎监管的前提下减少行业管制，为网络支付机构以安全、效率为核心的创新提供灵活、宽松的政策环境；从支付机构层面需要严格遵守法律法规，确保合法合规，不触碰监管机构维护货币体系和经济金融秩序、反洗钱反套现等政策红线。此外，《白皮书》对照《巴塞尔协议》中有关银行合规的控制流程、合规风险的控制框架，提出了网络支付机构识别、评估、咨询、监测和报告支付领域的创新行为的基本程序。

目录 CONTENTS

第一章　中国网络支付的现状与展望 …………………………………… 1

第一节　网络支付概论 ……………………………………………… 2

　一、网络支付相关概念界定 …………………………………… 3

　二、研究对象和视角 …………………………………………… 9

第二节　中国网络支付发展现状 …………………………………… 10

　一、中国网络支付的参与者现状 ……………………………… 10

　二、中国网络支付业务模式的发展历程 ……………………… 14

　三、中国网络支付市场规模的发展 …………………………… 19

第三节　中国网络支付机构概况 …………………………………… 24

　一、中国网络支付机构地域较集中，背景较多元 …………… 24

　二、中国互联网支付和移动支付业务增速较快，
　　　市场集中度较高 …………………………………………… 26

　三、重点厂商分析 ……………………………………………… 29

第四节　中国网络支付发展展望和推动力 ………………………… 41

　一、中国网络支付发展的展望 ………………………………… 41

二、网络支付发展的主要推动力 …………………………… 43

第二章 网络支付风险因素综述 …………………………… 47
第一节 网络环境下的支付行为变化及其风险 …………… 49
 一、货币资金形态发展变化带来的风险 ………………… 49
 二、支付指令形态发展变化带来的风险 ………………… 53
 三、支付指令传输渠道发展变化及其风险 ……………… 56
 四、网络支付清算、结算安排发展变化及其风险 ……… 58
第二节 网络支付机构关注的风险因素 …………………… 60
 一、操作风险 ……………………………………………… 61
 二、信用风险 ……………………………………………… 63
 三、市场风险 ……………………………………………… 64
 四、存量数据信息安全管理的风险 ……………………… 66
 五、政策变动风险 ………………………………………… 67
第三节 政府监管关注的风险因素 ………………………… 69
 一、合规风险 ……………………………………………… 69
 二、系统性风险 …………………………………………… 74
 三、监管机构关注的其他潜在风险因素 ………………… 76
第四节 影响网络支付用户安全感受的主要因素 ………… 79
 一、交易安全、信息安全与账户资金安全 ……………… 80
 二、网络支付参与各方权利、义务的明确与强化 ……… 80
 三、社会信用环境有待改善 ……………………………… 82
 四、网络支付服务创新与效率提升 ……………………… 83

五、对网络支付风险因素的总结 …………………………………… 83

第三章 中国网络支付安全的现状与治理建议 ………………………… 89
第一节　中国网络支付安全的现状 ……………………………………… 90
　　一、中国网络支付领域的典型风险及类型 …………………………… 90
　　二、中国网络支付安全现状的两个基本判断 ………………………… 95
　　三、近期中国网络支付安全的努力方向和发展趋势 ………………… 99
第二节　中国网络支付风险的针对性治理 …………………………… 102
　　一、网络支付各类风险因素的现实分析、
　　　　简要判断与针对性措施 …………………………………………… 102
　　二、当前中国网络支付风险治理的重点领域和措施综述 ………… 108
　　三、中国网络支付风险治理的宏观视角 …………………………… 111
第三节　中国网络支付安全与效率的动态分析
　　　　——服务提供者视角 ……………………………………………… 114
　　一、网络支付机构和商业银行之间综合性、多样化的关系 ……… 114
　　二、网络支付机构对商业银行的潜在影响和竞争优劣势 ………… 117
　　三、网络支付机构和商业银行在网络支付领域的发展方向 ……… 120

第四章 网络支付机构风险管理架构 …………………………………… 125
第一节　网络支付机构风险管理的内外部环境 ……………………… 127
　　一、公司治理 …………………………………………………………… 127
　　二、政府监督 …………………………………………………………… 132
　　三、行业自律 …………………………………………………………… 135
　　四、舆论监督 …………………………………………………………… 136

五、网络支付机构总体监督模式……………………………………… 139
第二节　网络支付机构的内控机制设计……………………………………… 141
　　一、内部控制概念……………………………………………………… 141
　　二、网络支付机构的内控架构………………………………………… 142
　　三、网络支付机构风险管理机制的运作模式………………………… 148
第三节　安全技术在网络支付风险控制中的作用…………………………… 151
　　一、网络支付技术风险概述…………………………………………… 151
　　二、主要安全技术及其在应对网络支付风险中的重要作用………… 153
　　三、各类安全技术在实践中的应用案例——以支付宝为例………… 161

第五章　产业链上的安全合作与分工……………………………………… 169
第一节　网络支付产业链及各方安全诉求概述……………………………… 171
　　一、网络支付产业链概述……………………………………………… 171
　　二、网络支付产业链各方对网络支付安全与效率的诉求…………… 173
　　三、我国网络支付产业链的安全关注点和
　　　　安全合作基本思路………………………………………………… 177
　　四、推动我国网络支付产业链安全合作的具体建议………………… 180
第二节　网络支付信息安全风险的联合防控………………………………… 186
　　一、网络支付面临的信息安全风险综述……………………………… 186
　　二、国内外网络支付信息安全合作的典型经验……………………… 187
　　三、产业链各方在信息安全方面的分工要点………………………… 191
　　四、产业链各方信息安全合作与分工的其他事项…………………… 201
第三节　网络支付产业链各方风险分担规则建议…………………………… 203
　　一、当前我国网络支付风险分担的现状……………………………… 203

二、电子支付风险分担的国外经验……………………………………207
三、风险分担的依据原则及分担规则建议………………………………212

第六章 网络支付创新与合规互动………………………………………215
第一节 网络支付领域创新与监管的碰撞性互动…………………………217
一、网络支付创新对现行货币体系和
经济金融秩序造成干扰……………………………………………217
二、跨领域支付创新对反腐倡廉、税收征管等
政策目标形成干扰…………………………………………………219
第二节 网络支付领域创新和监管之间的良性互动………………………222
一、监管目标与支付创新良性互动的基本机制…………………………222
二、网络支付创新和监管良性互动的国外经验…………………………223
三、国内网络支付创新和监管的良性互动………………………………224
第三节 创新与监管良性互动的推动因素…………………………………227
一、监管规则的不断明晰有助于网络支付创新…………………………227
二、政府规划的推出有助于引导网络支付创新…………………………227
三、对创新行为的识别、评估、咨询、监测和报告机制………………229

后　记……………………………………………………………………232

第一章

中国网络支付的现状与展望

第一节　网络支付概论

随着信息技术的飞速发展，电子商务已逐渐成为人们日常商务活动的重要形式之一，网络支付也越来越成为广大网民日常生活中最重要的支付方式之一。这其中，非金融机构提供的网络支付服务因其机构众多、增长迅猛、创新活跃的特点，吸引了包括监管部门、行业研究、学术研究乃至消费者等各方的高度关注。

据中国人民银行统计，截止2012年上半年，全国纳入非金融机构支付业务数据统计的机构共计266家（其中已获牌机构197家，未获牌机构69家）。其中获准开展网络支付业务的非金融机构79家。2012年上半年，全国非金融机构网络支付（包括互联网支付、移动电话支付、固定电话支付和数字电视支付）业务总量已达53.40亿笔、2.69万亿元，同比分别增长42%和60%。

在网络支付服务快速发展的大背景下，网络支付安全问题正迅速凸显。媒体上也时常可见与网络支付安全相关的各类报道。在网络支付业务、网络支付行为当事人及外部环境等各领域都或多或少存在风险因素的情况下要全面、深入分析影响网络支付安全的各种问题必须从深入剖析网络支付的基本概念入手。

第一章　中国网络支付的现状与展望

一、网络支付相关概念界定

（一）网络支付的定义

1. 监管机构部门规章中的网络支付

（1）中国人民银行《非金融机构支付服务管理办法》（中国人民银行令［2010］第2号，以下简称2号令）第二条规定："本办法所称网络支付，是指依托公共网络或专用网络在收付款人之间转移货币资金的行为，包括货币汇兑、互联网支付、移动电话支付、固定电话支付和数字电视支付等。"

（2）中国人民银行《电子支付指引（第一号）》（中国人民银行公告［2005］第23号）第二条规定："电子支付是指单位、个人（以下简称用户）直接或授权他人通过电子终端发出支付指令，实现货币支付与资金转移的行为。电子支付的类型按电子支付指令发起方式分为网上支付、电话支付、移动支付、销售点终端交易、自动柜员机交易和其他电子支付。"

中国人民银行是我国网络支付的主要监管者，对比其2010年对网络支付的定义与2005年对电子支付的定义，最重要的变化就是2005年电子支付定义中的"网上支付、电话支付、移动支付"被归并为2号令中的网络支付；此外，在2号令中，数字电视支付作为一种特殊渠道的新兴电子支付方式也被归入网络支付行列。但无论定义如何发展，网络支付始终是电子支付的"重中之重"，是电子支付领域最活跃的组成部分，其内容将随着网络形式的变化与扩展而不断丰富、发展。

2. 国内外研究学者定义的网络支付

（1）北京交通大学管理学院柯新生在《网上支付与结算》一书中，将网络支付定义为用户、商户、金融机构及认证管理机构之间使用安全电子手段交换商品或服务。

（2）Ethan Cerami 定义的网络支付（Net Payment）是指以金融电子化网络为基础，以各种电子货币为媒介，通过计算机网络特别是 Internet，以电子信息传递的形式实现流通和支付功能。

（3）百度百科中的网络支付定义。百度百科作为综合性较强的"工具书"，其对网络支付的定义为"网络支付是指电子交易的当事人，包括消费者、厂商、和金融机构，使用安全电子支付手段通过网络进行的货币支付或资金流转。主要包括有电子货币类、电子信用卡类、电子支票类。它是采用先进的技术通过数字流转来完成信息传输的，其各种支付方式都是采用数字化的方式进行款项支付的；而传统的支付方式则是通过现金的流转、票据的转让及银行的汇兑等物理实体的流转来完成款项支付的。"

与中国人民银行主要采取抽象基础上的列举方式对网络支付进行定义不同，研究者和"工具书"中的网络支付定义更加侧重于从目的、参与者、手段乃至基础设施等方面综合性、具体地解释网络支付的内涵。通过分析上述四种定义，我们可以对网络支付定义的内涵作进一步的深入了解和分析。

一是上述四个定义中涉及的网络支付目的可以大致归纳为"电子交易基础上的货币支付、资金流转"。与中国人民银行2号令中的定义相比，最重要的区别在于2号令并未特别强调电子交易的背景。我们认为，这种差异的原因应当是不排除网络支付作为单纯的资金流转手段。

第一章 中国网络支付的现状与展望

尽管网络支付与电子交易的相关性极高，甚至在网络购物中一笔或多笔购物行为总需要配套的网络支付行为，但现实中也存在以网络支付手段调拨资金的行为，而且这种行为是早于普遍应用的互联网支付就存在的，如90年代中后期就出现的银企直联以及更早的银行间以金融电子化网络（比如说电子联行）为基础进行资金划拨的行为。

二是对于网络支付的参与者，上述四个定义中涉及的参与者具体有消费者、商户、金融机构、认证服务机构。但从目前的发展情况来看，这还不是网络支付的全部参与者，特别是网络支付体系的监管者和在网络支付中承担桥梁与纽带作用并且迅猛发展的第三方支付机构（以下简称"网络支付机构[①]"）未被包括在内。

三是对于网络支付的实现手段，上述四个定义中的"安全电子支付手段、电子信息、数字金融工具"都体现了支付指令的电子化处理特征。但这种特征只是最早的银行间电子资金划拨系统（EFT）在互联网普及时代的扩大化应用，其实质是支付指令电子化处理的应用范围的不断扩大。

通过上述分析，我们可以确定：网络支付中支付是目的、网络是形式。按照形式为目的服务的哲学原理，不难看出，网络支付中网络的普及是网络支付快速发展的推动因素，但是经济的发展，尤其是电子交易的发展及其带来的支付需求的增加才是网络支付持续发展的决定因素。网络支付发展的主要影响因素按照重要性顺序排列，依次为经济发展、电子交易活动、网络的创新与普及。

---

① 本文中的网络支付机构一词，如无特别说明，指以网络支付作为主营业务的非金融机构。

3. 国外权威机构对网络支付的定义

（1）国际清算银行（BIS）在2004年3月出版的《电子货币和互联网及移动支付发展研究》[①] 报告的概览中指出，"该报告包括两类支付产品的研究。第一类包括储值卡形式的充值式电子货币和计算机存储中的电子代币。电子货币需要与能够进入用户账户的支付工具进行区分。第二类包括互联网及移动支付，通过支付指令进入支付系统的渠道来定义"。

（2）2012年4月，欧洲中央银行（ECB）（以下简称"欧央行"）发布了《网络支付安全建议报告书》，在该报告中，欧央行列举了主要的网络支付服务（Internet Payment），主要包括以下九大类。

①通过网络执行的卡支付，包括实际的卡支付以及通过记录卡支付信息用于"钱包解决方案（wallet solutions）"；

②通过网络执行的贷记转账，以及直接借记；

③银行卡收单服务以及发卡服务；

④通过信件、电话订单、语音邮件或利用短信技术传递支付指令的非基于网络的支付；

⑤在两个电子货币账户之间进行的电子货币的转移；

⑥在第三方访问用户支付账户情况下的贷记转账；

⑦企业通过专用网络进行的支付交易；

⑧当卡片发行人与持有人之间不存在持续关系的情况下利用匿名、不可充值的物理或实质预付卡片进行的支付（多用途预付卡支付）；

---

① *Survey of developments in electronic money and internet and mobile payments*. March 2004. www.bis.org

第一章　中国网络支付的现状与展望

⑨利用单位卡进行的卡支付，单位卡指面向单位发行的、雇员或代理人（agents）在公务活动中使用的卡片。

上述各类支付服务的提供者以及相应支付网络的管理机构都属于欧央行报告的建议对象，其建议的内容则十分广泛，涉及支付交易的格式合同、电子授权、支付服务提供者通过其支付网站提供的其他网络服务（如网上经纪、在线合同）以及网上支付交易的清算结算等。

（二）网络支付定义的比较与解析

1. 诸多网络支付定义中相同的两个关键词

通过列举、比较上述不同视角下的众多网络支付定义和具体的网络支付方式，其中相同的两个关键词在于网络渠道、行为目的和特征。

（1）网络渠道。支付指令通过各种网络渠道进入支付系统，各种类型的网络包括但不限于：互联网、银企直连、手机（或移动）支付的"3G"无线网、数字电视网，等等。

（2）行为目的和特征。所有网络支付定义中都涉及或隐含了货币支付（或资金流转）与电子化的支付指令处理。

按照上述关键词，网络支付的定义可以简要地抽象和概括为"通过网络传递、处理电子化支付指令以实现货币支付或资金流转的行为或者活动。"

2. 支付行为基本要素在网络支付中的形态

在非现金结算领域，支付行为发生的四个基本要素是货币资金（或货币价值）、支付指令、指令传递以及清算结算。支付方式的创新与变革也主要是围绕货币资金形态、支付指令载体、指令传递渠道以及清算结算安排等四个要素展开的。简而言之，这些不同形态、载体、渠道、安排的综合体就是支付体系。表1-1对现金支付、传统转账支付和网络支付中支付行为基本要素的变化、发展情况进行了初步比较。

表1-1 支付行为基本要素在各类支付方式下的形态比较

行为要素 支付方式	货币资金形态	支付指令载体	指令传递渠道	清算结算安排
现金支付	现金	交付现金的意思表示	现金交收	不涉及
传统转账支付	主要是银行存款或缴存现金后办理转账支付	票据和结算凭证、借记卡	（1）实物票据交换 （2）银行间的金融电子化网络（支付系统规定格式的数据报文）	依托中央银行为核心、商业银行为主体的现代金融体系下，以批量净额轧差、逐笔全额实时清算或者混合清算方式处理银行间跨行、跨地区支付
网络支付	银行存款、信用卡额度、储值卡（预付价值）、计算机中存储的电子代币	电子数据（信息报文）	互联网、银企直连、手机（或移动）支付的"3G"无线网、数字电视网等各种类型的数据传输网络	在传统转账支付清算结算安排的基础上，依托现代金融体系（如商业银行备付金账户）的约时清算

资料来源：课题组整理。

3. 网络支付方式的不断创新与网络支付范畴的动态发展

从中国人民银行《电子支付指引（第一号）》中的电子支付到2号令中的网络支付，可以看到网络支付定义的不断扩展。技术创新带来的不断丰富的支付指令载体和网络渠道是网络支付外延不断扩大的主要原因。从支付指令载体和网络渠道的发展角度来看，生物识别技术带来的声波支付、指纹支付、虹膜（视网膜）支付，以及数字电视网、智能手机4G网络等等都会进一步扩展网络支付的范畴。

二、研究对象和视角

当前，在众多网络支付的具体形式中，互联网支付与移动支付是其中最引人注目的网络支付方式。究其原因主要是随着互联网与3G乃至4G移动网络的发展普及，基于互联网支付与移动网络的电子商务活动不断发展，与之配套的互联网支付与移动支付进入了快速发展阶段，并随着使用人数、市场规模的快速增长日益引起各参与方的高度关注。

从支付行为发展变迁的历史来看，安全与效率始终是支付行为的两个核心要求。其中安全是生命线、效率是成长线。互联网支付、移动支付等新型支付方式的出现、兴起与快速发展也无疑提升了支付的安全与效率水平。从1998~2012年的15年间，互联网支付从无到有，从小到大，已经发展到万亿级规模。而且近几年来，随着业务量和用户数量的快速增长，互联网支付和移动支付的创新活动不断涌现。在此情况下，围绕支付行为的两个核心要求，从兼顾安全与效率的需要出发，研究以互联网支付为主体的网络支付在未来发展中的安全性问题，并提出相应的夯实其"生命线"的政策建议具有很强的现实意义。本白皮书后续章节将主要针对互联网支付安全，特别是针对网络支付机构提供的互联网支付服务的安全展开分析与讨论。

第二节 中国网络支付发展现状

一、中国网络支付的参与者现状

随着中国经济、金融改革的不断深化，在互联网快速发展普及以及电子商务活动逐渐兴起的条件下，中国网络支付在过去的15年中以其超常规的快速增长吸引了越来越多的目光和越来越多的参与者。时至今日，基于互联网公共网络平台的网络支付体系已经发展成为一个包含商户、商业银行、网络支付机构和消费者等在内的产业链。图1－1简要描绘了中国网络支付产业主链的参与者结构。

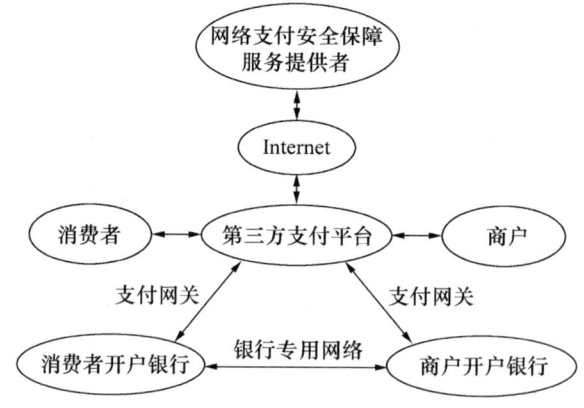

图1－1　中国网络支付产业主链参与者结构图

（课题组制图）

第一章　中国网络支付的现状与展望

结合图1-1，对中国网络支付产业链主要参与者在网络支付活动中的功能、作用及权利义务简述如下。

（一）消费者，即买家、付款人

通常是指因购买商品或服务，需要向网上商户支付款项的当事人。消费者因消费活动而发起的支付，是网络支付行为的起点和重要原因。

（二）商户，即卖家、收款人

通常是电子商务活动中产品、服务的提供方（所以通常也被称为电商），是消费者发起的支付命令的最终受益人。其拥有面向金融机构或网络支付机构的货币请求权。在目前非金融机构支付服务成为网络支付主流形式的情况下，消费者和商户作为权利、义务对称的"一对"网络支付当事人，其在网络支付活动中的权利和义务由两个关系确定：

（1）电子商务环境下以商品或服务买卖为主的交易关系。该关系与传统商品交易中的交易关系并无区别。买方以付款为主要义务，卖方以交货或提供服务为主要义务，双方主要的权利和义务是对等的，这体现了电子商务活动中的公平交换原则。

（2）消费者、商户分别与网络支付机构"签署"的"支付服务协议"。网络支付各环节中，网络支付机构作为联结和沟通买卖双方的"桥梁"，通过"支付服务协议"与消费者、商户建立了"以转移货币资金"为核心的网络支付服务关系。但需要指出的是，这类协议基本上都是网络支付机构提供的格式合同，消费者、商户对协议条款"要么全盘接受，要么就走开"，绝大多数消费者和商户并无实质的协商能力。尽管存在上述不足，但网络支付机构与消费者、商户的网络服务协议决定了双方的权利、义务关系，是网络支付机构主要功能在具体的民商事活动中得以发挥的"法理基础"。

（三）网络支付机构（即通常所说的第三方支付平台）

其主要功能是连接买卖双方、电子商务平台（电商的集合）和银行业金融机构，在支付指令的传递、交换、处理以及资金清结算中作为"中转站"，以提升网络支付活动的安全与效率。

（四）银行业金融机构（以下简称银行）

非金融机构提供的网络支付服务并不是独立的，它"脱胎"并依托于以银行为中介的传统支付结算安排。在网络支付这种新的支付方式下，作为传统支付结算中介的银行仍然扮演者十分重要的角色：银行在货币资金形态、资金清算结算安排等支付行为要素中（参见表1-1）仍然发挥着重要的作用。从网络支付发展历程来看，随着银行直接与消费者、商户联系的支付网关模式日渐式微，在非金融机构信用中介模式逐渐成为电子商务领域中的网络支付主流模式后，银行通过与非金融机构建立的网络支付平台而间接服务于消费者和商户。但整个网络支付流程的运行与最终实现都需要银行的配合。银行"退居二线"后，通过与网络支付机构的服务协议建立服务合作关系。

总的来说，网络支付行为作为民事活动，其产业主链上的上述参与者被不同类型、不同内容的交易、契约关系联结在一起。同时，从普遍联系的观点出发，除了产业主链上的参与者外，还有安全技术提供方、行业自律组织以及政府监管部门与网上支付的安全发展、效率提升密切相关。

(五) 网络支付安全保障服务提供者

网络支付的非面对面特征对网络支付的安全提出了特殊要求。需要解决的问题包括参与者身份认证，以及遏止木马、病毒攻击等。目前，网络支付安全保障服务的提供者主要包括 CA 认证中心、杀毒软件公司，以及各类网络支付安全技术提供商。随着网络支付技术的快速发展，新的安全保障技术随着新的支付手段的发展以及新的网络安全威胁的出现也在不断地创新和调整。尽管这种社会化的安全技术服务与保障也是网络支付安全的一个重要领域，但因其并不根本性地改变支付行为的基本要素，而且其他主体更多的是应用相关技术来确保安全，因此往往并不作为网络支付安全研究领域的焦点。相对而言，其对网络支付安全的影响更多的是外源性的，是影响网络支付安全的重要外部因素。

(六) 行业自律组织 (中国支付清算协会)

行业自律是市场发展到一定程度的必然产物。同行业企业之间的协商机制，能在法规之外让行业进行自我约束，逐步形成行业监管、行业自律和舆论监督三位一体的外部监督机制。2011 年 5 月 23 日，中国支付清算服务行业的自律组织——中国支付清算协会 (Payment & Clearing Association of China，缩写为"PCAC") 在北京正式成立。根据工作需要，成立之初的中国支付清算协会下设了九个专业委员会，包括银行卡工作委员会、预付卡工作委员会、网络支付应用工作委员会、价格与收费工作委员会、移动支付工作委员会、维权工作委员会、支付系统应用工作委员会、支付清算标准工作委员会和教育培训工作委员会。

(七) 政府监督管理机构

网络支付的外部性决定了网络支付监管的必要性[①]。目前，我国网络支付机构的监管主体是中国人民银行。此外，针对电子商务环境下的网络支付特征，商务部、工信部、银监会等部门也都从各自职责出发对电子商务活动、配套安全技术保障以及参与网络支付的银行等不同领域、不同主体承担着不同的监管责任。

二、中国网络支付业务模式的发展历程

（一）依据产业发展不同时期的标志性事件及监管环境特点，可将网络支付业务模式的发展历程分为支付网关、信用中介、行业支付应用和规范与监管并重等四个阶段

第一阶段为支付网关阶段（1998～2002年）。标志性事件是1998年首都电子商务工程启动，确定首都电子商城为网上交易与支付中介的示范平台，并成立首信易支付。随着20世纪90年代末电子商务在我国兴起，与之配套的数字化支付与结算方式也就是电子支付的重要性越来越突出。在这一发展趋势下，商业银行开始从柜面业务向网银业务发展的初步转型。进入21世纪，多数商业银行基本完成了网银业务的基础

---

① 杨彪：《我国第三方支付有效监管研究》，东北大学博士论文，2012年。

第一章 中国网络支付的现状与展望

建设，商业银行开始了规模化的电子支付业务的运营，但我国银行相对分割的运营体制，银行卡不能联网通用的窘况，资金的网络支付划拨一直局限在传统银行内网，一方面是资金未真正实现依托网络的跨行划拨，另一方面新兴电商企业面临着不同银行端接口的成本高昂，与不同银行结算环节繁琐、效率低下的问题。银行基础网络建设的完成和银行间体制难以突破的背景下，首信易、中国银联和环迅支付等第一批提供电子支付服务的非金融公司开始出现。这一阶段以系统性和操作性风险为主，同时由于发展规模较小，并未引起监管部门的注意，尚处于网络支付的萌芽阶段。见图1-2。

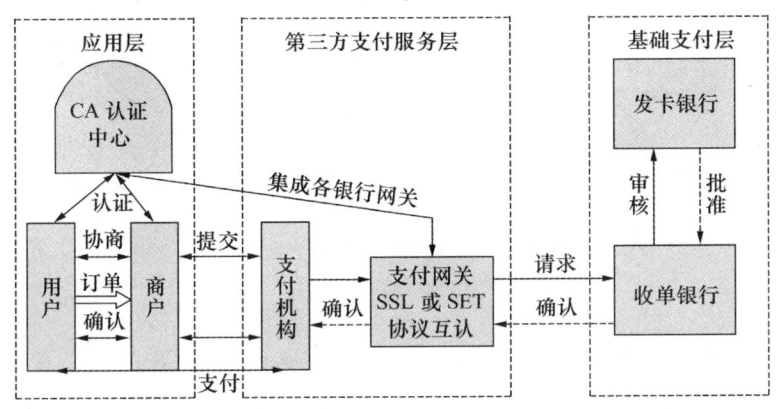

图1-2 支付网关模式
（课题组制图）

第二阶段为信用中介阶段（2003~2007年）。标志性事件是2003年支付宝的出现，推出了具有担保功能的虚拟账户，开创了全新的信用中介模式。随着电子商务发展的进一步深入，市场对于电子支付的需求迅猛增长。这一时期也是商业银行的网银产品开始丰富的时期，各银行纷纷开始设立专门的网银或电子银行部门。而面对市场需求和银行基础建设的完善,网络支付机构在原先单纯的支付网关基础上开始研发多样化、多类型的支付产品,与之伴随的是网络支付机构的数量也出现了爆发式的增长,民营企业开始登上舞台。目前市场主流的网络支付机构大都在这一时段成立。见图1-3。

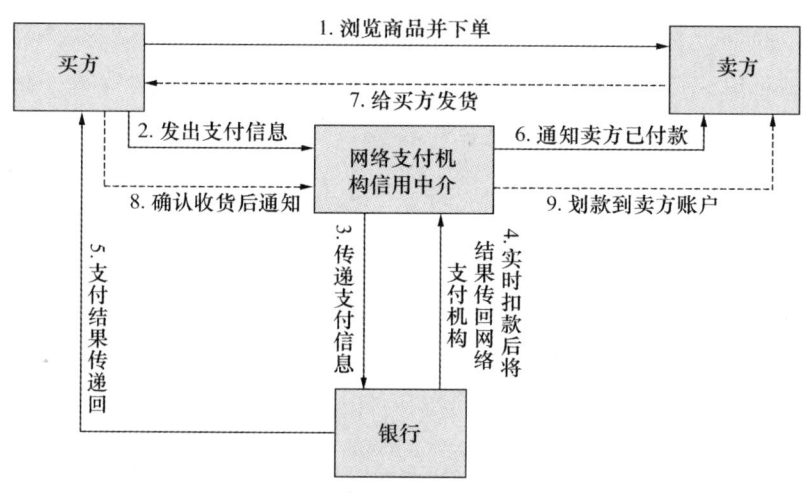

图1-3　信用中介型网络支付模式
(课题组制图)

2003年,为解决淘宝网的支付难题,支付宝公司成立,并在2004年推出基于担保交易模式的虚拟账户交易。这一模式建立的重要意义在于,将C2C交易中难以突破的收付款人的信任问题,通过淘宝整个品牌资信力担保而化解,从而将个人信用构建引向了C2C整个领域的商业信用构建,也让其稳稳坐上网上支付第一把交椅。

这一阶段网络支付机构开始出现信用风险,网络支付风险也更加显性化,为此,针对网络支付服务的法规制度也开始陆续出现,网络支付服务规范化发展的迹象出现。

第三阶段为行业支付应用阶段(2008~2009年)。其标志性事件是网络支付机构大举进入航空、保险等行业领域，向综合支付服务转型，网络支付市场规模快速发展。这一阶段网络支付机构从具有支付清算服务和担保服务，又具备了部分融资服务功能，也带来了全新的信用风险。而这一时期，对网络支付的监管正在酝酿突破，中国人民银行开始实质性推动将网络支付机构正式纳入支付监管体系的工作。

第四阶段为规范与发展并重阶段（2010 年~至今）。其标志性事件是 2 号令及其配套实施细则的出台，将网络支付机构正式纳入了支付监管体系，规范与发展成为网络支付行业的主题。与此同时，随着 3G 智能手机的普及，移动电商网络支付和 O2O 电商的网络支付也进入快速发展阶段。

（二）从电子商务以及支付手段的创新角度，可将网络支付划分为 C2C、B2C、移动电商和 O2O 等四个阶段

（1）C2C 电商阶段：最早的 C2C 电商企业是易趣网，但由于缺乏合适的网络支付手段，当时的交易模式通常以线上撮合，线下支付的同城结算为主，谈不上真正意义上的电子商务。随后成长起来的淘宝网通过免费的价格策略和差异化的支付产品解决方案，取而代之，成为 C2C 领域的典型代表。淘宝网大约从 2003 年开始萌芽并逐步壮大。2003 年 10 月 18 日，淘宝网推出支付宝服务，其所主推的"担保交易"模式的诞生，解决了电商最重要的支付环节的信任问题。"担保交易"以七天为担保周期，商户先发货，支付宝再担保，用户最后确认的支付模式促进了 C2C 市场的"井喷"。2011 年，以淘宝网为主的整个 C2C 市场的交易额已经超过 6000 亿元量级。

（2）B2C 电商阶段：成立于 1999 年的当当网是较早的 B2C 网站，

最初以经营图书为主。但有非常长的一段时间，B2C 的交易量非常低。B2C 快速发展阶段是在 2007 年左右，以天猫（当时称为淘宝商城）、京东商城等为主的 B2C 网站发力，迅速提升了 B2C 的交易量。在该阶段，支付手段的需求主体是大商户，而非 C2C 时期的中小商户或者个人。这一时期，网络支付行为偏好发生了明显变化，具有即时到账的网银网关以及账户支付产品受到了欢迎。易观国际公布的数据显示，2011 年整个 B2C 网购交易额大约 2406 亿元。

（3）移动电商阶段：2011 年，智能手机与移动互联网快速普及，越来越多的人开始使用智能手机替代 PC 电脑来进行网络购物，一些团购网站的移动电商的交易量甚至占到了总交易量的 80% 以上。在该阶段，用户的交互界面在手机的 APP 上，所以账户类支付（包括快捷支付）的体验明显优于网银支付而受到用户欢迎。2011 年，移动电商交易额大约为 120 亿元。

（4）O2O 阶段：O2O 是 2011 年以来，互联网领域一个热门话题，特指 Online to Offline，即线上与线下的融合与打通，从而使得线下与线上的界限也越来越模糊。越来越多的用户通过网络支付的方式完成线下交易。在海外，传统的网络支付机构 PayPal 推出了"empty hand"系统，特别针对其用户在线下零售店的支付行为；而像 Square 等新兴的网络支付机构也纷纷推出"pay with square"的 O2O 支付模式。在国内，类似支付宝这样的网络支付领军企业也正在研发着创新的支付工具，如二维码支付、声波支付、NFC 支付，等等。

第一章 中国网络支付的现状与展望

三、中国网络支付市场规模的发展

(一) 从支付服务提供方的发展来划分

从支付服务提供方来看，网络支付机构的发展历程大致从1998年底成立的首信易开创网络支付的初始时代——网关支付，到2003年支付宝推出担保交易有效解决了网上交易中的诚信问题，再到2005年，国内网络支付机构如雨后春笋般崛起。截止2009年底，中国人民银行公布的从事支付服务的特定非金融机构（包括预付卡、银行卡收单）有300多家。截止2013年2月，中国人民银行共发放7批牌照，累计223张。223家持牌机构的业务类型分布见表1-2（多种业务类型的机构重复统计）。

表1-2　　　　　获得各项支付业务许可证的企业数量

序号	业务名称	获牌企业数量
1	预付卡发行与受理	139
2	互联网支付	77
3	银行卡收单	47
4	移动电话支付	33
5	固定电话支付	12
6	数字电视支付	5

资料来源：课题组整理。

尽管目前获得互联网支付、移动支付牌照的企业已经多达80余家，但我国的互联网支付行业呈现出较高的集中度，主要企业包括支付宝、财付通、银联在线支付、快钱、汇付天下、易宝等。从艾瑞咨询发布的交易量市场份额来看，支付宝占半壁江山，财付通占20.4%，银联在线支付、快钱、汇付天下市场份额接近，在7%~8%左右，余下不足8%的市场份额由数量众多的中小型网络支付机构瓜分。这些主流网络支付机构在网络支付行业中各有不同的特点和优势。见表1-3所示。

表1-3 　　　　主要互联网支付机构情况对比①

企业名称	获得许可的业务范围	主要业务领域	主要特点
支付宝	·互联网支付 ·预付卡的发行与受理（仅限线上实名账户充值） ·货币汇兑 ·银行卡收单 ·移动电话支付	·网络购物 ·航空客票 ·理财、保险 ·零售、教育 ·跨境交易	·创立初期通过淘宝积累了庞大的用户群 ·拥有独立的账户体系 ·初期主要应用于网络购物领域，后逐渐向航空客票、网络游戏、生活类支付等多个领域渗透，应用行业广泛
财付通	·互联网支付 ·移动电话支付 ·固定电话支付	·网络游戏 ·航空客票	·腾讯创立的支付平台，背靠腾讯强大的网游平台 ·拥有独立的账户体系 ·应用行业较多
银联在线支付		·航空客票 ·教育	·2011年整合进中国银联互联网事业部，有独特的银行资源优势
快钱	·互联网支付 ·预付卡受理 ·货币汇兑 ·银行卡收单 ·移动电话支付 ·固定电话支付	·商旅 ·教育 ·保险 ·零售	·账户体系较弱，但擅长基于行业特点提供行业解决方案，有敏锐的市场洞察力，对市场变化反应十分迅速，创新能力强 ·是互联网支付行业中尝试进入线下支付领域的先锋

---

① 银联在线支付业务此前分别由中国银联两家子公司运营，两家公司均已获得互联网支付等支付业务许可证，但目前银联在线支付业务已整合进中国银联股份有限公司互联网事业部，而该公司目前尚未申请和获得支付业务许可证。

第一章 中国网络支付的现状与展望

续表

企业名称	获得许可的业务范围	主要业务领域	主要特点
汇付天下	·互联网支付 ·银行卡收单 ·移动电话支付 ·固定电话支付	·航空客票 ·基金	·擅长行业深耕，提供深入的行业解决方案，初期在航空客票领域优势明显，但应用行业较为单一，近年亦进入基金、保险等领域
易宝	·互联网支付 ·货币汇兑 ·银行卡收单 ·移动电话支付	·教育 ·保险	·擅长提供行业解决方案

资料来源：课题组整理。

（二）从支付服务需求发展分析

从支付服务需求方来看，2012年11月底中国互联网络信息中心（CNNIC）发布了《2012年中国网络支付安全状况报告》，根据报告显示，截至2012年6月，中国使用网上支付的用户规模达到1.87亿人，在网民中的渗透率为34.8%。从艾瑞咨询发布的第三方支付行业年度数据来看，2012年中国第三方支付市场整体交易规模达12.9万亿元，同比增长54.2%。以网络支付为主的第三方支付机构在社会经济的发展中正扮演着越来越重要的角色。具体见图1-4、图1-5。

据中国电子商务研究中心监测数据显示，截止到2012年12月，中国移动电子商务市场交易规模达到965亿元，同比增长135%，依然保持快速增长的趋势，预计到2013年这一数字有望达1300亿元。随着移动终端的普及和移动电子商务的发展，业界也纷纷看好移动支付市场的发展前景。研究机构易观智库发布的《中国第三方支付市场趋势预测

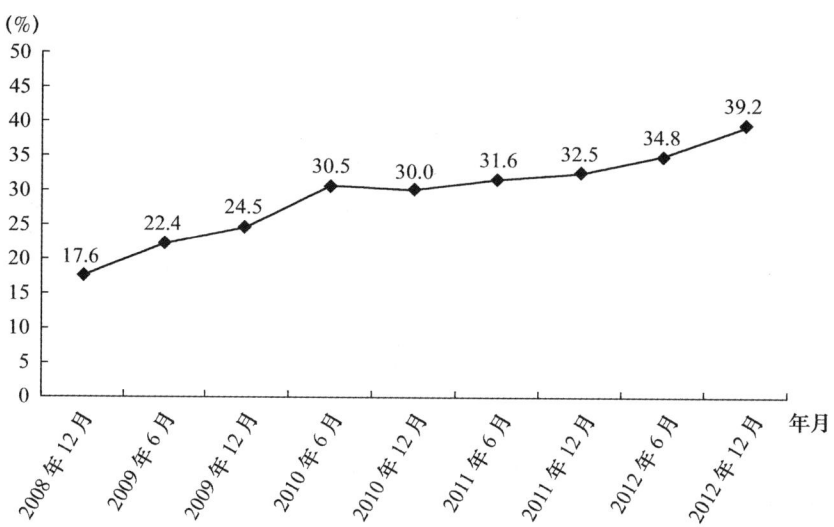

图 1-4 2008~2012 年中国网上支付用户渗透率

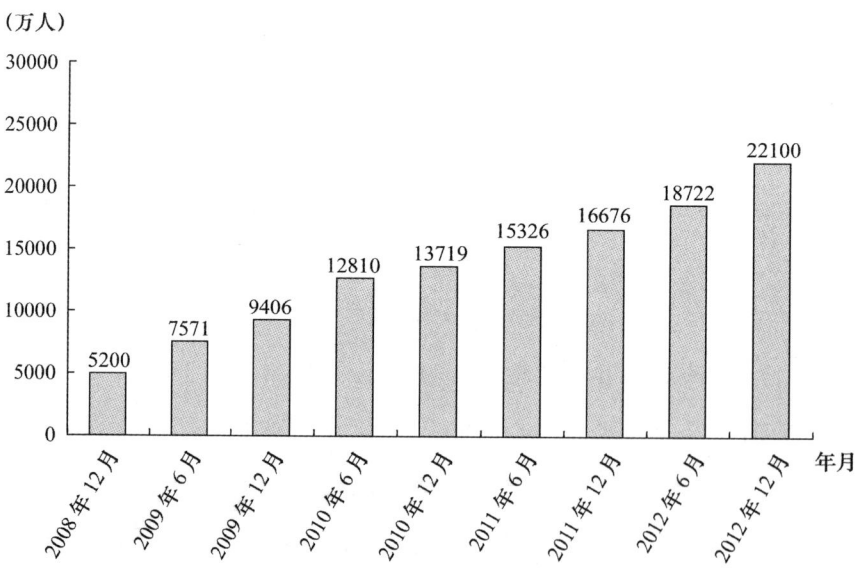

图 1-5 2008~2012 年中国支付行业互联网支付用户规模

第一章 中国网络支付的现状与展望

2012~2015》显示,2012年中国移动支付市场发展迅速,全年移动支付交易额规模突破千亿,达到1511.4亿元,同比增长89.2%,预计2013年将实现交易规模翻番;截至2012年底,全球移动支付用户数已达到2.12亿,到2015年全球移动支付用户总数将达到3.84亿。易观智库预计未来3年移动支付市场将保持快速发展,2014年交易规模将达到3850亿元。

表1-4　　2010~2012年网络支付相关用户规模及交易量数据

用户规模（亿）				交易量（万亿元）			
指标	2010年	2011年	2012年	指标	2010年	2011年	2012年
网民	4.57	5.13	5.64	社会消费品零售总额	15.46	18.25	20.71
网购用户	1.61	1.94	2.43	第三方支付行业	1.01	2.20	3.80
%网民	35.2%	37.8%	42.9%	%社会消费品零售总额	6.5%	12.2%	18.3%
网络支付用户	1.37	1.67	2.21	支付宝业务量	0.52	0.94	1.78
%网民	30.0%	32.5%	39.18%	%社会消费品零售总额	3.4%	5.2%	8.6%
支付宝注册账户	5.54	6.72	8.0				

第三节　中国网络支付机构概况

一、中国网络支付机构地域较集中，背景较多元

截止2013年2月，共有223家企业获得了中国人民银行颁发的非金融机构支付牌照。从地域上看，已获牌照的非金融支付机构主要集中于上海、北京、深圳等经济发达地区（见图1-6）。从非金融机构支付牌照涵盖的业务类型看，有预付卡发行与受理、预付卡受理、互联网支

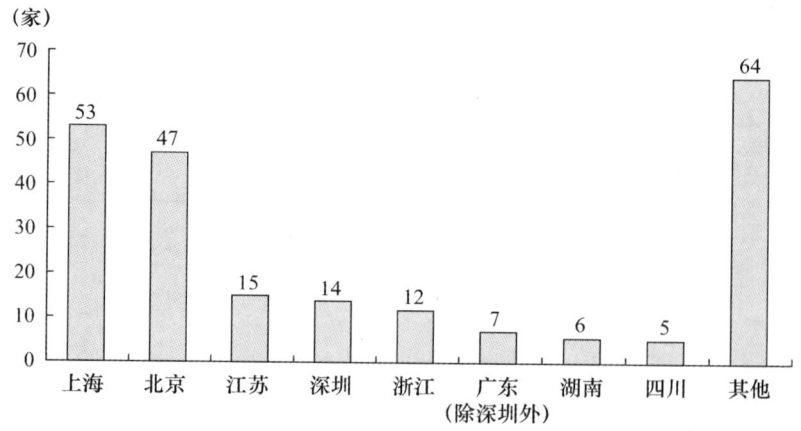

图1-6　获得支付牌照企业的地域分布

资料来源：中国支付网，课题组整理。

第一章 中国网络支付的现状与展望

付、移动电话支付、固定电话支付、数字电视支付、银行卡收单等七个大类。其中预付卡发行与受理和互联网支付牌照发放最多,获得一类以上业务许可的支付企业为60家。

从公司规模来看,大多数公司的注册资本在1亿人民币以下,只有少数企业注册资本超过2亿元(见图1-7)。股东类系方面,具有银联背景和政府、交通背景的企业数量最多(见图1-8)。

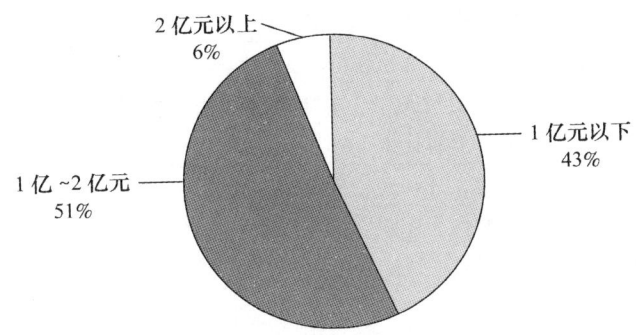

图1-7 获支付牌照企业注册资本分布

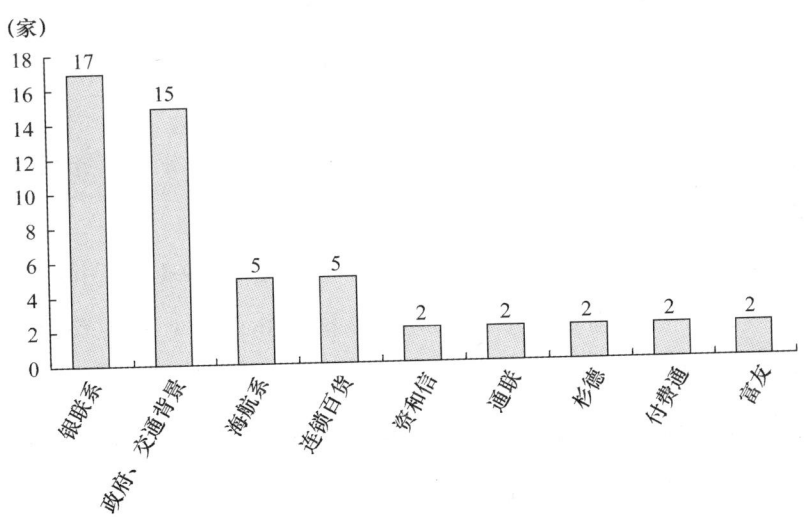

图1-8 获支付牌照企业股东背景分类

按照公司性质、业务范围和股东背景，获牌照的支付机构大致可分为六大类，如表 1-5 所示。

表 1-5　　　　　　　　获支付牌照企业股东背景分类

公司类别	典型代表
互联网巨头类	支付宝、财付通、盛付通、百付宝等，背后依托的网站为阿里巴巴、腾讯、盛大、百度
电信运营商类	中移动电子商务有限公司、中国电信天翼电子商务公司、联通沃易付网络技术有限公司
银联和银行类	银联商务、北京银联、上海银联、广州银联网络支付、付费通
独立第三方支付运营商	快钱、汇付天下、易宝支付、网银在线、环讯支付、拉卡啦、钱袋网、上海捷银
发卡类	资和信、开联通、福卡、壹卡会，主要发行多用途的预付费卡
地方国资类	首信易付、通联支付、数字王府井

资料来源：赛迪顾问。

二、中国互联网支付和移动支付业务增速较快，市场集中度较高

（一）无论是在互联网支付领域还是在移动支付领域，市场集中程度均较高

在互联网支付市场上，六大主要企业占据了 2010 年市场份额的 93%。在 2011 年，市场集中程度进一步被提高，前七家主要企业占据市场份额达 98%。

在移动支付市场上，从 2011 市场份额来看，主要厂商的市场集中程度也达到了 94%，根据艾瑞资讯和易观国际的数据，支付宝占到了 60% 以上的市场份额。2013 年以来，中国移动支付市场发展迅猛，最

新数据显示，支付宝手机支付用户已经超过1亿，而支付宝钱包用户数也接近1亿，支付宝日常支付约有1/4的笔数来自手机，相比2012年的增长在800%以上。据独立咨询公司Gartner的数据显示，预计2013年全球移动支付用户数将达到2.45亿。而支付宝手机支付用户将以超过1亿的数量级占据近四成比例。

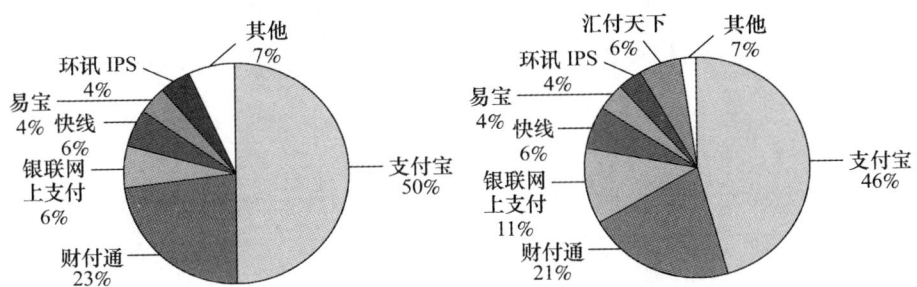

图1-9　2010（左图）及2011年（右图）中国第三方互联网支付核心企业市场份额
（课题组制图）

（二）较高的市场集中度决定了更多网络支付机构将会朝着专业型的道路发展，用户多样化、便捷化的消费和支付需求为创新支付模式提供了快速发展机遇

目前，网络支付已经在网上零售、航空客票、网络游戏、物流、保险等多个行业中得到广泛的应用。对个人用户而言，利用网络支付可以方便地进行网络购物、转账汇款、公共事业缴费、信用卡还款等，能有效提高生活的便捷程度和支付效率；对商户而言，网络支付能提供基于行业的收单解决方案、资金归集和管理的解决方案，能有效地满足其业务发展中收单和资金管理的多种需求。

网络支付机构具体的领域扩展与内容细化，主要涉及电子商务如网络购物、行业解决方案、个性化的支付数据分析等。如2012年支付宝账单、支付宝的中小企业融资,等等。

另外,网络支付也开始"试水"中小企业融资。当前很多中小企业受困于"融资难",丧失了进一步扩大规模的机会。基于此,不少网络支付机构开始探索解决之道,尝试为国内饱受资金压力的中小企业解决融资困境。据了解,阿里金融以及支付宝、快钱等支付机构的关联企业都推出了为中小企业定制的融资服务。支付宝通过与银行等传统金融机构的密切合作,使得新兴网络支付平台正在成为中国金融体系和支付体系服务中小企业的有益补充。

表1-6　　　　　　　　网络支付未来发展趋势

发展趋势	具体体现
多元化生活支付	(1) 手机话费、电话费、宽带费、水电煤气费等支付场景会越来越多地被移植到网络支付平台上 (2) 牌照发放后,网络支付平台的可信度提升,各种整合生活支付渠道的企业应运而生,各城市的支付链条被打通后生活支付应用将遍地开花
多场景移动支付	网络支付牌照发放后,各主要的网络支付平台不约而同地将移动支付作为其中一个主要的发展方向,未来以智能手机、平板电脑为代表的移动互联网将极大推动多元化的支付场景出现
金融化的网络支付	(1) 直接面对消费者的应用场景,获得牌照后的部分网络支付平台将逐步实现"金融化" (2) 发展线下支付终端、个人保险交易,甚至个人小额贷款等金融业务也会逐渐出现

资料来源:赛迪顾问(课题组制表)。

(三)未来行业并购行为将会明显增多,大企业将通过并购打造"全能型"航母

随着网络支付业务进一步发展,行业格局和行业规律必然要求网络支付机构走向进一步资源整合的道路。从历史上的并购案例来看,第三

第一章　中国网络支付的现状与展望

方支付企业进行并购主要是出于两类目的，其一是拓展市场，例如易宝支付并购西部支付；另外一类是拓展业务领域，例如支付宝收购安卡支付。

据赛迪顾问预测，未来占据行业龙头地位的大企业对小企业进行并购将会明显增多，同时大企业会通过对上下游资源的整合，打造网络支付行业"全能型"航母。

三、重点厂商分析

（一）支付宝（中国）网络技术有限公司

支付宝（中国）网络技术有限公司（www.alipay.com，以下简称"支付宝"）是目前最具知名度且使用最为广泛的网络支付平台。

2010 年以来，随着网上零售市场发展迅速，团购网站爆发性的增长以及电子商务平台多轮的大规模促销，为支付宝这一国内最大的网络支付平台带来了更大的交易规模和用户数量。除此之外，支付宝在航空、游戏、公共事业缴费、生活服务等细分领域拓展力度的提高，也为其保持高市场份额做出了重大贡献。2011 年，支付宝获得中国人民银行颁发的首批支付牌照。截止 2011 年底，支付宝的注册用户数已超过 6 亿，在面向个人用户的网络支付应用领域占据了绝对优势。

支付宝创造的中国网上零售市场中介式的交易模式，培养了中国网民网络支付的使用习惯，成为了中国网民使用互联网的基本应用之一。目前，其快捷支付业务发展迅速，成为支付宝另一营收增长点，且势头

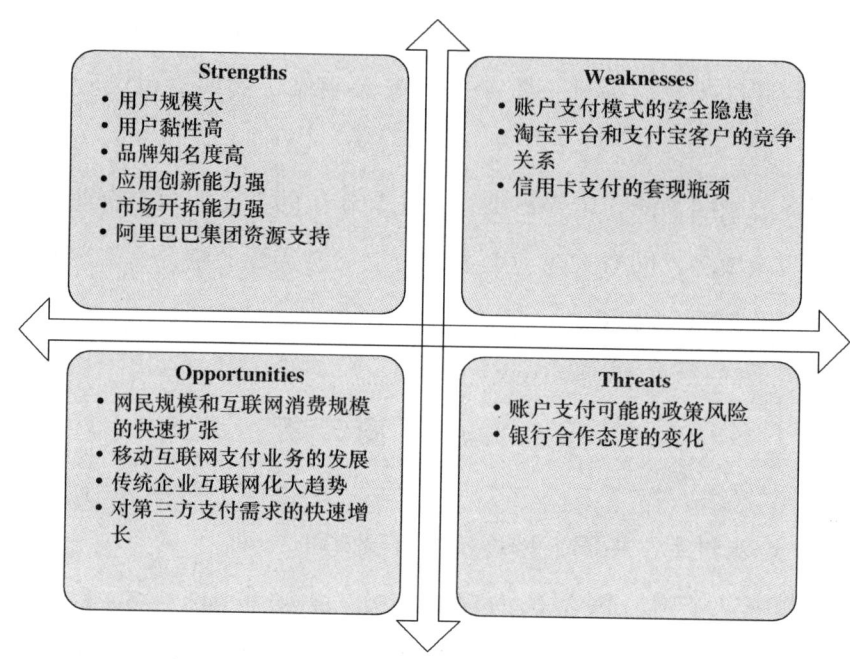

图1-10 支付宝SWOT分析

强劲。与此同时,支付宝在网络支付安全领域积极努力,2011年6月支付宝联合百家企业成立安全支付联盟。另外,在移动支付领域,其在快捷支付的基础上发展移动支付,不断提升用户体验。支付宝庞大的用户规模成为其在外部商家和市场占领方面的巨大优势,同时其在技术研发和风险管控等方面也具有市场领先的水平,未来中国网络支付市场的发展很大程度上与支付宝的发展相契合。

(二)深圳市财付通科技有限公司

深圳市财付通科技有限公司(www.tenpay.com,以下简称"财付通")于2005年10月推出其"财付通"支付服务。作为在线支付工具，财付通在 B2C、C2C 在线交易中，起到了信用中介的作用，同时为 CP、SP 提供在线支付通道以及统一的计费平台。

依靠腾讯业务的交易规模和部分外部商户的交易量，财付通拥有较高的市场份额。2010 年，财付通在航空、大额付款、信用卡还款、公共缴费等重点应用领域成立专门运营推广团队后，交易额大幅提升。此外，财付通 2010 年推出的生活应用开放平台，通过产业链资源的整合，为财付通的发展增加了强劲动力。2011 年，财付通获得中国人民银行颁发的首批支付牌照。

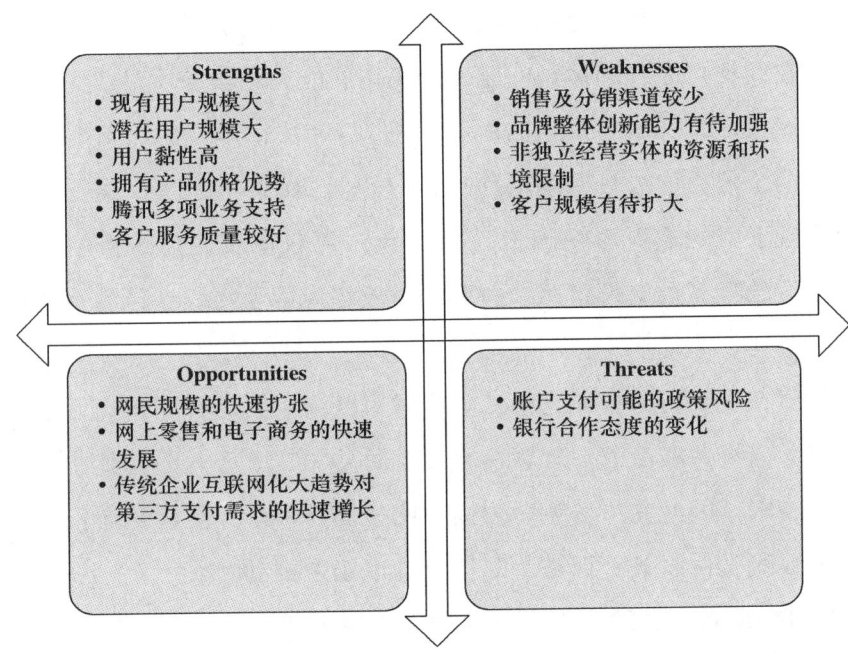

图 1-11 财付通 SWOT 分析

腾讯旗下的各项业务为财付通的发展提供了大量的独占市场，财付通依靠拍拍网和腾讯的各项其他业务迅速获得了一定的用户和交易规模。另外，财付通在支付产品创新方面具有一定的领先性，但市场执行和推广为其短板，这也是该公司未能在网络支付市场获得领先的主要原因之一。

（三）银联电子支付服务有限公司

银联电子支付服务有限公司（Chinapay，以下简称"银联在线"）是中国银联控股的银行卡专业化服务公司，成立于2002年6月，拥有面向全国的统一支付平台，主要从事以互联网等新兴渠道为基础的网上支付、企业B2B账户支付、电话支付、网上跨行转账、网上基金交易、企业公对私资金代付、自助终端支付等银行卡网上支付及增值业务。由于银联在线支付固有的体制问题，市场拓展能力和服务质量成为阻碍其发展的短板。2号令对于非金融机构支付行业法律地位的认可对银联在线支付的公信力优势具有削弱作用，这也是2010年银联在线支付市场业绩出现下滑的重要影响因素。2011年，银联在线支付获得中国人民银行颁发的第二批支付牌照，牌照的发放将为银联在线支付的发展带来更多的机遇。

银联在线支付为多元化第三方支付服务商，其品牌和影响力是其他同业服务商无法匹敌的。互联网在线支付并非其核心业务，其在该领域的投入有限，因此其市场竞争力尚未明显提升，业务规模的增长主要依靠基金在线支付服务等拥有垄断优势的市场来推动。

2号令发布后，网络支付行业的监管逐步明确，获取支付许可证的门槛对于规模较大的网络支付机构而言并不高，监管政策加强了网络支付机构的信心，也增强了行业用户对于网络支付机构的信任。因此，银联在线支付并未能依靠自身背景获得更多的业务，此外，银联在线支付的创新能力和业务拓展能力都略显不足，市场份额出现较大下滑。

第一章 中国网络支付的现状与展望

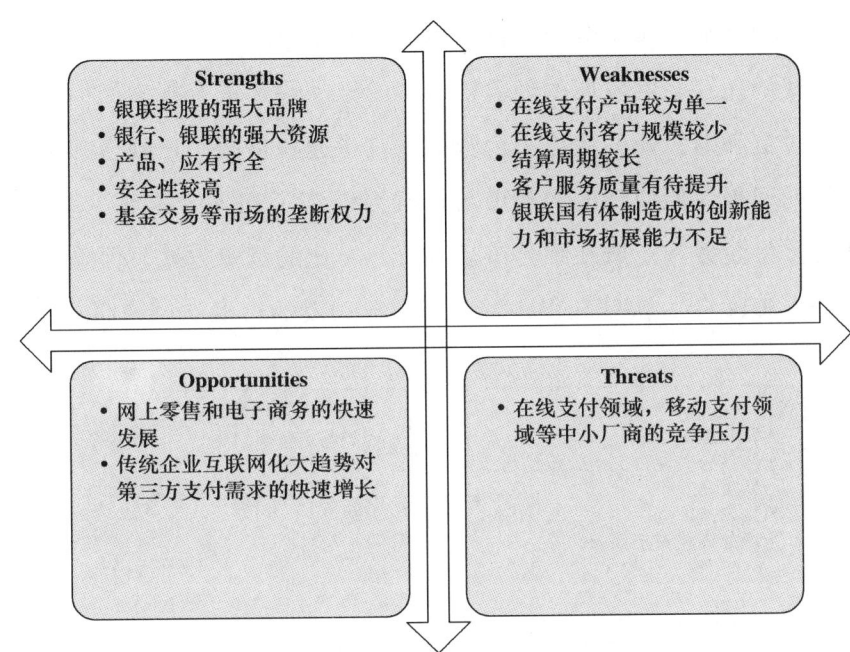

图1-12 银联在线SWOT分析

2011年,银联在线支付对旅游、航空(火车票)、通信等行业的商户开展多项联合营销活动,同时与多家银行开展品牌宣传返现促销等活动,促进交易量大幅提升。并与腾讯等企业达成战略合作关系,通过各方渠道大力宣传银联在线支付品牌,强化用户的品牌认知度。同时,2011年银联在线支付作为唯一一家网络支付机构接入铁道部网上订票系统,也成为其近期发展的"亮点"。

(四)快钱支付清算信息有限公司

快钱支付清算信息有限公司(以下简称"快钱")于2005年1月正式推出包括人民币支付、外卡支付、神州行卡支付、联通充值卡支付、VPOS支付等在内的众多支付产品,支持互联网、手机、电话和

POS 等多种终端,属于电子支付领域的新入企业。

快钱依托互联网发展的经验以资本的推动快速提升规模,但受限于没有支付宝和财付通的优势平台资源,其快速积累的用户规模并没有得到有效的回报,但快钱的快速市场执行力得到了充分的体现。2010年,快钱逐步将业务重点放在细分市场进行差异化的竞争方式,保险行业首当其冲。2011年,快钱获得中国人民银行颁发的首批支付牌照。

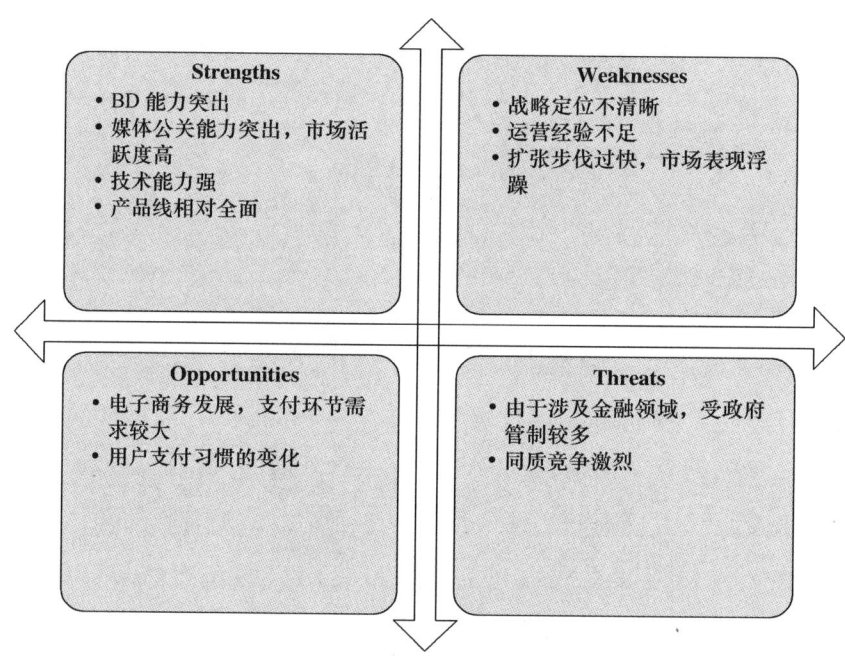

图1-13 快钱SWOT分析

快钱作为较晚进入网络支付市场的企业,其以互联网商业模式的发展路径为特征,依靠投资推动市场规模的快速发展,其业务推广能力在行业中处于领先,商户规模获得快速的增长。但由于其在个人用户端难以形成规模的活跃用户,因此也限制了其业务的均衡发展。中国网络支付市场的规模十分巨大,尤其是广大的传统行业仍然有巨大的拓展空间，这使得定位于行业解决方案的快钱未来发展潜力仍然很大。2011年快钱首次发布专为外贸电商企业量身打造的国际收汇解决方案，表明快钱正式开拓跨境支付这一潜力巨大的新兴市场。在保险领域其率先实现了财险核心企业全覆盖，借助其创新的产业链支付模式，全面解决财险行业所有渠道业务领域遇到的资金难题，在该领域保持市场份额第一。另外，手机支付产品"快刷"进入商务筹备阶段，这将成为快钱新的业务增长点。

（五）上海环迅电子商务有限公司

上海环迅电子商务有限公司（以下简称"环迅支付"）是中国最早的网络支付提供商之一。2000年8月，在线支付系统IPS研发成功，开始试运行；2001年3月，上海环迅电子商务公司成立。上海环迅电子商务有限公司的母公司为环球实业科技控股有限公司，环球实业于2001年10月在香港上市。

环迅支付的发展较稳定，拥有较好的盈利能力。2010年环迅加强了信用卡还款和航空市场的拓展力度，推出了针对信用卡用户的专属网站"魔法糖"以及解决机票分销问题的"德付通"平台。2010年底，石基信息收购环迅支付全资子公司迅付科技15%股份，资本的注入能否继续推动环迅支付的产品创新还需看其未来举措。2011年，环迅支付获得中国人民银行颁布的首批支付牌照。

环迅支付在网络支付领域积累了大量的运营经验和资源。另外，环迅支付在安全技术方面能力突出，各项安全指数方面都在行业内处于领先地位。但环迅支付面对市场竞争体现出来的市场反应较慢，在整个第三方支付市场表现相对低调。

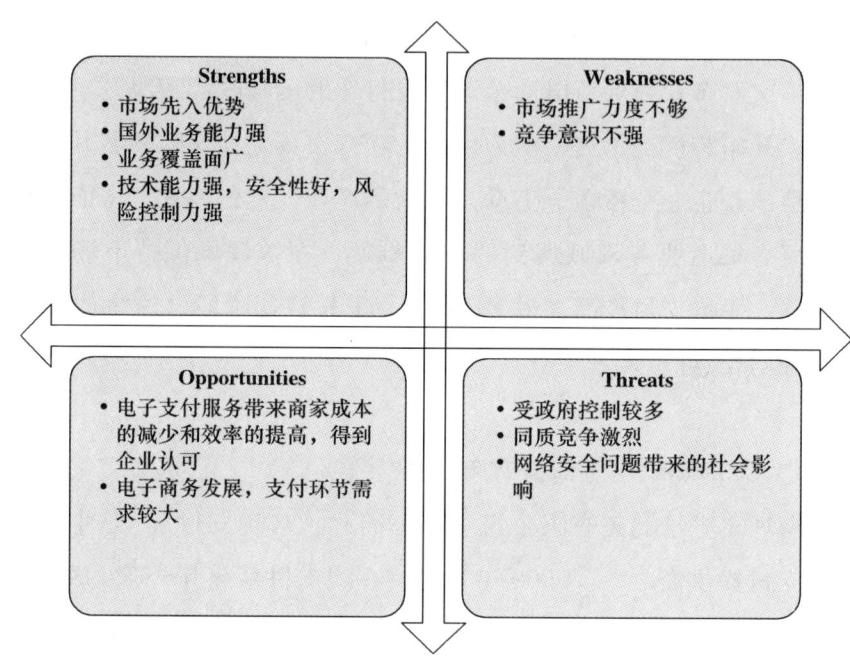

图 1-14　环迅支付 SWOT 分析

(六) 北京融通信息技术有限公司

北京融通信息技术有限公司（YeePay，以下简称"易宝支付"）于 2005 年 3 月开始推出网络支付服务，为网络支付行业的新入者。

易宝支付在网络支付激烈的竞争市场中定位于专业市场的开发并取得较好的效果。从 2006 年易宝支付开始与教育部门合作开展教育事业的网上缴费服务，到提供 2008 年地震捐款网上支付服务，易宝支付不断在新的领域进行业务的拓展，使其品牌价值不断得到提升。2010 年，易宝支付的交易规模发生了飞跃式的增长。2011 年，易宝支付获得中国人民银行颁发的首批支付牌照。

易宝支付的管理团队都具有海外的相关工作背景，在对商业模式的探索方面和产品的创新方面具有较强的能力。易宝支付在网络支付市场发展

第一章　中国网络支付的现状与展望

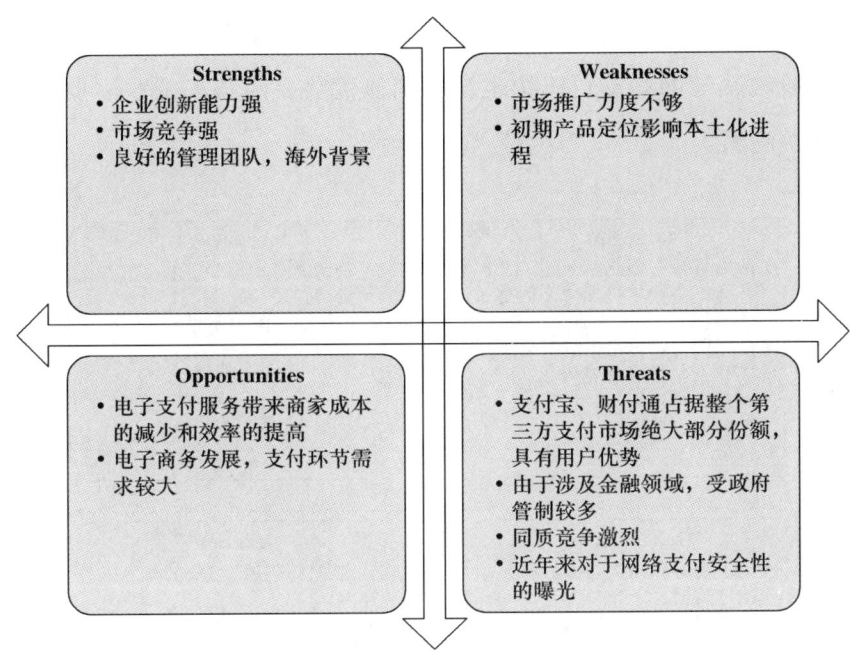

图 1-15　易宝支付 SWOT 分析

初期重点发展的电话支付没有达到预期的规模。虽然后来易宝支付在整个电话支付市场仍占据领先者角色，但是整个电话支付市场的发展低于预期。在网络支付市场迅猛发展的阶段，易宝支付依托航空、电信、教育等领域快速发展，以及在移动互联网方面的渗透，保证了一定的发展势头。

（七）易智付（北京）科技有限公司

易智付（北京）科技有限公司（以下简称"首信易支付"）是中国最早进入第三方电子支付市场的服务提供商，具备政府背景。由北京市财政局资金管理分局等六家股东出资设立，注册资金为人民币2.9亿元，于1999年3月开始运营（前身为首都电子商城网上支付平台），是"支付网关"模式的主要奠基厂商，公司于2001年在香港联交所上市。

首信易的网络支付规模在行业中无优势，其推动产业发展的创新能力现阶段较其他网络支付机构也没有明显优势，因此其位置逐步由创新者沦为补缺者。

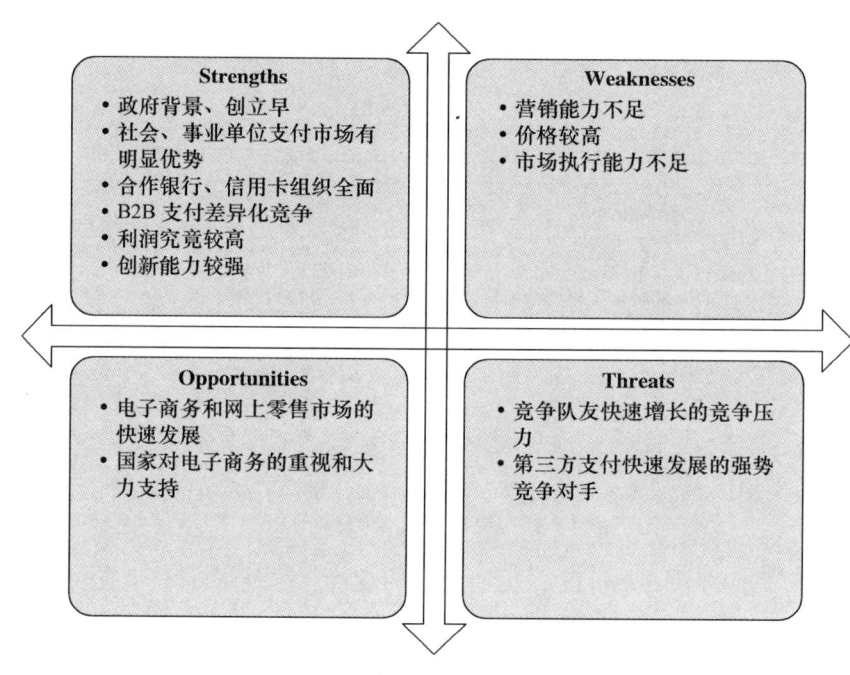

图1-16 首信易支付SWOT分析

创立较早且具备政府背景成为其获得市场的主要优势，首信易在支付领域的创新推动了整个产业的快速发展，并且自身获得了较高的盈利空间。但首信易的B2B业务处于企业网上银行和网络支付市场的夹缝中，生存空间不大，企业营销能力以及市场执行能力均有限，未能将其创新很好地应用于市场。另外，其价格也不具备较强的竞争力。

（八）汇付天下有限公司

汇付天下有限公司（以下简称"汇付天下"）2006年7月正式成

第一章 中国网络支付的现状与展望

立，总部设于上海，并在北京、深圳、成都等地设立分公司。公司核心团队由中国金融行业资深管理人士组成，拥有雄厚的资金实力。汇付天下定位于金融级电子支付专业，为重要行业用户快速准确制定支付运营方案。公司成立之初，就专注于航空领域的支付解决方案，经过4年的快速发展，已经覆盖了全国绝大多数的航空公司，成为航空领域领先的网络支付公司。2010年5月，汇付天下率先在网络支付行业拿到了基金支付牌照，开始进入基金领域，并希望以此来扩大个人用户的规模。2011年，汇付天下获得中国人民银行颁发的首批支付牌照。

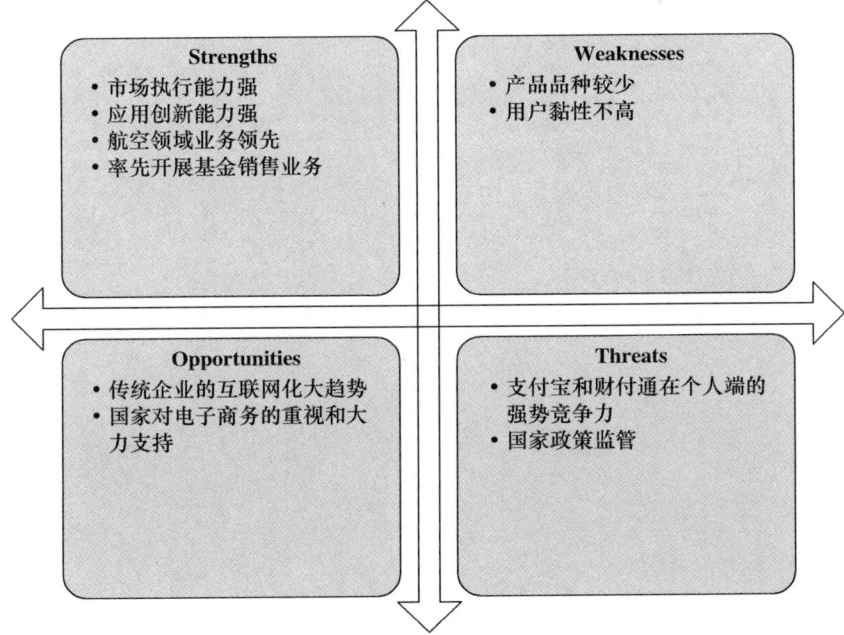

图1-17 汇付天下SWOT分析

汇付天下成立以来一直保持快速发展，走行业专业化的道路，2008年交易量比2007年增长17倍；尽管有全球金融危机的冲击，2009年交易量仍比2008年增长4倍多。汇付天下凭借其完善的产品和服务快速进入航空市场，并在航空市场支付领域占据了一半的份额。2010年5月，汇付天下率先取得了基金支付牌照。截止到2011年末已经与30余家基金公司达成合作，并发布移动支付ASI@战略，该移动支付创新项目纳入科技部"十二五"国家重点扶持项目，作为该战略的重要组成部分的"天天盈"用户突破100万，支持36家基金公司和29家银行。汇付天下凭借基金市场的领先优势，有望进一步提升市场份额。

第一章 中国网络支付的现状与展望

第四节 中国网络支付发展展望和推动力

一、中国网络支付发展的展望

（一）移动化、全球化、多元化将成为行业主要发展趋势

首先，移动支付迎来"破冰"时代，移动互联网技术的飞速发展带动了移动支付的技术创新，而用户对于支付便捷性的需求也在催生新的支付方式的产生，主要第三方支付机构纷纷布局移动支付，预计移动支付在未来几年中将呈现爆发式的增长。

其次，全球化趋势明显。作为世界第一大出口国和第二大进口国，中国网络支付机构所处的外部宏观环境优越，快速增长的跨境交易市场意味着巨大且不断增长的跨境网上支付需求。但在中国目前的跨境交易网络支付中，仍然是 PayPal 一家独大。2010 年，PayPal 在大中国区的总支付金额超过 44 亿美元。国内网络支付机构如支付宝、财付通、快钱等已经开始加速布局跨境支付领域，和 PayPal 同台竞争。但毕竟在这一全新领域刚刚起步，不论是用户认知程度或是交易规模，与 PayPal 中国的跨境业务还存在相当大的差距。未来，国家外汇管理政策对网络支付机构的支持至关重要，这将直接影响中国跨境支付市场的竞争

格局。

第三，网络支付运营主体与支付业务均呈现多元化发展趋势。随着政策环境的逐步规范，网络支付步入多元化发展快车道。一方面，体现为运营主体企业的多元化；另一方面，体现为支付业务的多元化。网络支付机构将涉及除互联网支付、移动支付以外的预付卡发行与受理、银行卡收单等众多业务领域。随着政策地位的确立，网络支付机构得以在横向层面拓展更多的服务行业和领域，同时实现在不同业务领域产业链上的纵深拓展，为企业创造出新的盈利增长点。

（二）跑马圈地时代终结，商业银行和网络支付平台间竞争、交叉、渗透和融合时代来临

首先，主要网络支付机构在网络支付市场的市场份额基本趋稳。其次，主要商业银行日益重视和普遍着手电商金融平台的建设，如建行推出的"善融商务"电商金融服务平台。在电商服务方面，通过B2B和B2C模式，为用户提供信息发布、交易撮合、社区服务、在线财务管理、在线客服等配套服务，涵盖商品批发、商品零售、房屋交易等领域；在金融服务方面，为用户提供从支付结算、托管、担保到融资服务的全方位金融服务。此外，商业银行、网络支付机构间将在网络支付环节深化合作与彼此渗透。

（三）从中国网络支付发展的竞争动力来看，创新驱动成为关键因素

首先，网络支付服务的竞争从以市场份额为主的规模竞争逐步转向以安全与效率为核心的质量竞争；其次，商业银行、网络支付机构以流

程改进、服务优化、领域拓展、内容细化甚至技术进步等作为自身竞争力的主要来源；第三，以提高用户忠实度为目标的，基于用户体验基础上的支付习惯培养也需要引起网络支付机构的高度重视。

二、网络支付发展的主要推动力

（一）我国经济进一步发展和转型是网络支付发展的物质推动力

从总量来看，我国经济在未来 10 到 20 年仍将保持平稳较快的发展速度。首先，我国城市化水平距离全球平均水平还有不小的差距，我国经济还存在较大外延式发展空间；其次，工业革命以来的第四次科技革命仍在快速发展，以互联网和现代物流业为核心的技术进步通过生产效率的提高为我国经济的发展拓宽了内涵式发展空间；第三，改革开放 2.0 版本，包括政治体制改革和以资本走出去为主线的二次开放也将为我国经济的发展提供制度红利和国际环境机遇。

从结构来看，进入 21 世纪以来，我国经济结构正在循序渐进地调整，GDP 三驾马车中，消费的地位正在越发突出。虽然 2008 年以来，因为金融危机导致投资需求脉冲式猛增，但整体趋势并未改变。

总量的较快发展和结构的稳步调整使我国社会消费品零售总额一直保持较高的发展速度。这一物质基础确保以电商为主要依托的网络支付业务有强大的发展需求。

（二）消费文化和支付习惯的嬗变为网络支付发展提供了精神推动力

随着互联网和现代物流服务业的飞速发展，人们的消费文化正在悄然改变。在大城市，纯粹以购物为目的的逛街、逛商城正逐渐被网络和现代物流所代替，甚至传统的休闲式逛街也正在一点点被网上冲浪、逛网上商城所蚕食。实体店的体验式购物虽然仍有很多的受众，但随着一类类的商品被搬到网上商城，很多实体店甚至有被边缘化为"试衣间"的危险。

互联网和现代物流业在一点点改变消费文化的同时，包括支付习惯在内的整个行为模式都在悄悄演进。与电子商务紧密联系的网络支付正在逐渐走进人们的支付生活中，成为其支付习惯，并最终在精神层面成为一种习以为常的"常识"。

物质可以变精神，精神可以变物质。网络支付一旦成为生活中的"常识"，必将成为其进一步发展的强大动力。

（三）以网络技术为核心的技术进步是网络支付发展的内在推动力

无论是经济发展所提供的物质动力，还是支付习惯改变所带来的精神动力，都需要以网络技术为核心的技术进步使其成为现实。巴塞罗那MWC移动世界大会，中国移动展台上，TD-LTE（4G）的终端产品和解决方案，占据了绝大部分的空间和目光。随着互联网时代的到来，"手机电子货币"将会越来越普及，它不仅可以使支付系统实现无纸化，而且还可以代替银行卡，迎来"无卡化"时代，不仅方便了用户，而且减少了交易系统的成本。据预测，到2013年底，全世界将有5亿人使用手机支付功能，到2014年约有30亿成年人将通过移动通信和互联网进行电子货币交易，因此手机支付系统也将意味着巨大商机。以信息技术为基础的知识经济和以新能源技术为基础的绿色经济是当今世界最重要的两大经济领域。而以4G为龙头的移动通信技术正在带来信息产业新的革命,并成为国际竞争制高点之一,将成为新经济时代下网络支付发展的又一强大推动力。

(四) 法律制度的健全、监管不断完善及行业自律组织的发展是网络支付发展的外部推动力

网络支付的快速发展一方面极大地促进了电子商务的发展,丰富了现代支付体系和信用体系;另一方面,作为一种新型的支付方式,它的诞生也为现代金融体系增加了新的经济风险和社会风险。如果没有健全的法律制度,成熟的政府监管体系和完善行业自律体系,网络支付服务很难长期稳健发展下去。

首先,2号令的正式实施,在为非金融第三方支付机构提供了制度红利的同时,也为其发展提供了基本的法规制度框架。

其次,中国支付清算协会及其专业委员会的设立,有利于为网络支付机构及相关参与方充分协商、沟通、建立和完善网络支付的各项规则,有利于支付清算服务行业的自律管理,有利于维护支付清算服务市场的竞争秩序和会员的合法权益,防范支付清算风险,促进支付清算服务行业健康发展,乃至推动网络支付市场的健康、规范、有序发展。

第三,中国人民银行建设的网上支付跨行清算系统(IBPS),将使网络支付机构省去和多家银行"两两连接"的协议事项,有可能对国内网络支付的发展提供又一次飞跃的契机,推动电子商务基础服务更加完善。

第二章

网络支付风险因素综述

网络支付是支付行为与互联网、移动通信技术相结合的产物，与传统银行柜台提供的支付服务相比，两者间最重要的区别在于：支付指令的发起终端（计算机、手机、电话、电视机）已经发展到消费者（商户和个人）手中，而且以互联网和移动互联网作为支付指令信息的传递渠道。在网络支付时代，数字化的、非面对面的新型支付方式代替了实物凭证的、面对面的传统支付方式，但同时也面临着不同于传统支付服务的风险因素。按照风险的定义，即引起损失的可能性，本章将分别从支付行为要素、支付行为参与方等两个主要维度对网络支付风险进行全面的描述。

第二章 网络支付风险因素综述

第一节 网络环境下的支付行为变化及其风险

网络支付在很大程度上是支付行为在新的网络环境下发展变化的结果。本节主要从支付行为视角审视网络支付风险。具体来说,就是分析、比较网络环境下构成支付行为的四种基本要素所面临的主要风险,包括安全与效率两个方面损失的可能性。

一、货币资金形态发展变化带来的风险

网络支付中,起着支付手段职能的货币资金形态主要有银行存款、与银行授信相关的信用卡额度、虚拟账户预存价值、预付卡(预付价值)、计算机中存储的电子代币,等等。除了银行存款以及信用卡额度外,其余三种形式则是网络支付条件下发展变化而来的充当一般等价物的货币资金形态的新形式。网络支付活动中,与各种货币资金形态相关的风险主要如下。

(一)与货币资金存储原则相关的风险——未严格落实账户实名制而导致的整体环境恶化风险

账户是支付结算活动的起点与终点,其功能是存储货币资金(货

币价值）并记录其变动情况。《个人存款账户实名制规定》（国务院令285号，2000年4月1日实施）和《人民币银行结算账户管理办法》（中国人民银行2003年第5号令，2003年9月1日实施）共同构建了当前我国支付结算活动中的账户管理实名制原则，这是确保支付行为当事人合法权益，实施有效监管、防止网络洗钱，打击网络犯罪以及净化网络支付环境的立足点。

我国工商行政管理总局公布的《网络商品交易及有关服务行为管理暂行办法》规定，2010年7月1日起个人开网店也实行实名制[①]。2012年1月5日，中国人民银行发布的《支付机构互联网支付业务管理办法（征求意见稿）》中规定：所有网络支付账户的开立要实行实名制，对资金余额连续10天大于5000元的账户要求提供身份证复印件。这些也都反映了实名制在网络活动新领域中将逐步完善、同等适用的未来趋势。

虚拟账户预存价值、预付卡（预付价值）、计算机中存储的电子代币等新型货币资金形态并不符合严格意义上的账户实名制的要求，特别是一定金额以下的预付卡、计算机中存储的电子代币（虚拟货币）通常都是不记名的。而且，网络支付机构适应非面对面的网络支付行为特点所采取的用户身份认证规则也与银行业需要严格执行的客户身份识别规则有不小的差距。在此情况下，如果某个或部分网络支付机构基于市场竞争压力或"追求"不当利益而放松了对于服务对象身份真实性的辨识，就可能被别有用心的人利用，客观上成为侵权、逃避监管、洗钱

---

① 潘晓宇：《对我国电子商务网站法律地位问题的思考》，载《南通职业大学学报》2011年第25卷第1期。

乃至犯罪行为的"协助者"。如果监管机构对某个或部分网络支付机构因此"不当获利"的情况视而不见或无暇顾及，就可能进一步导致整个行业的用户真实性辨识水准"下滑"，最终导致网络支付的整体环境恶化，威胁到网络支付机构的生存。

（二）与货币资金保管形态相关的风险——流动性风险、信用风险和道德风险以及清算结算效率影响

虚拟账户预存价值、预付卡（预付价值）、计算机中存储的电子代币等新型货币资金形态都是基于网络支付机构接受客户备付金而产生的。用户事先缴存的、大量的客户备付金与其后发生的实际支付行为之间的"时间差"，使得网络支付机构以自身名义取得了在"时间差"区间内的、用户所有的货币资金的实际支配权，这便是沉淀资金的实质。

一直以来，因沉淀资金而带来的网络支付机构的流动性风险、信用风险和道德风险等安全问题，一直是支付机构监管的"敏感"地带。为确保网络支付机构用户资金的安全性，2号令规定，支付机构接受客户备付金的，应当在商业银行开立备付金专用存款账户存放备付金。2013年6月7日，中国人民银行公告〔2013〕第6号公布了《支付机构客户备付金存管办法》，进一步明确了备付金银行账户管理、客户备付金使用与划转的具体规则。上述规章对网络支付机构挪用、侵吞沉淀资金可能带来的流动性风险和信用风险进行了有效的监管。但同时也应看到，规章的执行将在一定程度上增加网络支付机构的运营成本，影响了清算、结算处理过程的效率。

实务中，网络支付机构通常在多家银行及其各地分支机构设立多个备付金存款账户，以便使异地、跨行支付转化为更便宜快捷的本地、同行支付。而上述规章中有关备付金存管银行、合作银行及其账户数量的限制，将在一定程度上增加跨行交易的数量，网络支付机构的清算成本也将随之上升，结算效率也将随之下降。

在网络支付发展的诸多安全与效率矛盾中，沉淀资金风险管理的安全与效率冲突只是其中之一。监管部门在沉淀资金这一支付行为基本要素的管理取向上，无疑是倾向性地选择了安全。

（三）货币资金创新形态带来的风险——虚拟的货币发行和融资授信带来的铸币税风险及影响、冲击货币信贷政策的风险

网络支付中的新兴货币形态大都是基于与法定货币的等价交换机制而形成的。基于交易的虚拟账户、预付卡都是用户先用法定货币购买电子货币，再用电子货币购买卖家商品或服务，从而使该电子货币具备了广泛的支付能力和现金替代的特点。但是应当看到，时至今日，依托于网络支付的货币资金形态创新仍在继续。从最初的仅限于购买游戏道具和服务的虚拟货币（其实质是非法定发行的存储于计算机中的电子代币），到网络支付机构试水中小企业融资以及提供短期、小额信用额度等信用扩张创新形式，都会影响到实体经济中的货币信贷政策，而且随着网络支付市场规模的不断扩大，这种影响的程度也会越来越大。

网络支付机构发行的虚拟货币，提供的融资授信，通常不受政府管制，主要取决于网络支付机构对自身风险承担能力的、外部经济形式的自我判断。如果这种判断是准确的，而且虚拟货币、信用扩张局限于特定网络服务或交易"润滑"目标上，则客观地说，这种货币资金创新形态应当说是利大于弊的：至少便利了网络服务与交易的实现，无需每次交易都进行法定货币与电子货币的兑换。

但是，如果网络支付机构将自己发行的虚拟货币和融资授信额度等同于一般等价物，超出特定范围进行普遍使用并为其提供结算便利，就有可能使这些货币资金形态的创新形式在网络支付背景下的实体经济交易中取代法定货币。换言之，如果网络支付机构把虚拟货币、融资授信当作一种价值创造工具，就会对传统金融体系或是金融运行形成威胁性冲击。虚拟货币的发行和融资授信的提供取代法定货币后，将减少现实生活中以法定货币衡量的基础货币量，从而减少中央银行的铸币税收入，产生铸币税风险，进而影响中央银行的独立性；虚拟货币发行和信用扩张改变了货币供应量，使货币供应量产生波动，从而使得中央银行不能完全再按原有估算方法实施宏观调控，而必须考虑虚拟货币、信用扩张对货币供应量的影响，重新构建新的估算方法，产生宏观调控风险。同时，虚拟货币的流通还会使存款创造倍数发生波动，影响我国货币信贷政策的有效执行，造成经济、金融系统的混乱。

二、支付指令形态发展变化带来的风险

网络支付环境下，支付指令的载体从实物凭证发展为形式多样的电子数据。无论与传统支付类似的账户密码支付还是新型的指纹支付、二维码支付、声波支付，其实质均是将支付指令变化为数据信息。目前最典型的网络付款方式，是电子化的支付指令从消费者发起，通过网络支付机构转接至付款银行或直接从消费者在网络支付机构开设的虚拟账户中扣除相应金额，然后再由网络支付机构转发至收款银行或通过收款人在网络支付机构开设的虚拟账户进行贷记处理。从网络支付的安全和效率目标出发，目前支付指令形态电子化带来的风险主要有以下几方面。

（一）不同网络支付机构间的支付指令生成机制通用化程度低，影响了网络支付的效率

首先，网络支付指令的后台处理进程涉及众多环节，需要网络支付机构与众多银行进行信息交换，从而最终实现支付行为。目前我国绝大多数银行的银行卡都支持网络支付功能，但由于各家银行的网上银行技术及接口标准不尽相同，为保证互联网支付的顺畅进行，网络支付机构需要适应不同合作银行的技术和接口标准才能实现电子支付指令的数据信息交换。

其次，不同网络支付机构之间的支付仍然必须通过银行作为"中介"，无法实现彼此之间的直接通汇与结算。例如，用户如需将"支付宝"虚拟账户中的资金划转至"快钱"虚拟账户，只能采取先从"支付宝"划到银行，再从银行划到"快钱"的两次汇兑方式，而无法直接发起一笔以"快钱"虚拟账户为收款人的支付指令。另外，不同的网络交易平台所要求采用的安全技术手段也是多种多样：电子商务活动中的各大购物网站，如淘宝网、拍拍网等为了交易安全也要求安装各自的安全控件。

第三，不同服务主体、不同层级、不同种类的安全技术手段在有效提高网络支付安全的同时，也在一定程度上影响了消费者进行网络支付的效率和体验。现实中，消费者为了支付安全只得在不同平台不同环境中来回切换，这种配套使用的安全技术在增加了消费者支付安全的同时，也影响了网络支付的效率。特别是受"技术黏性"的影响，多元化的网络支付习惯还很难形成。这种情况对网络支付机构而言可能更有利，但对于整个网络支付市场的活跃以及用户体验的高效便捷则是不利的。

第二章 网络支付风险因素综述

（二）受技术进步因素影响，支付指令生成机制中潜在的安全漏洞威胁着网络支付的安全

在目前的网络支付指令生成机制下，通常情况下很难通过技术手段破解网络支付指令的生成机制。但随着计算机技术的日渐普及，这也绝非不可能完成的任务。如果在网络传输过程中使用软件加密，计算机就需要接收所有发给该端口的数据，然后在计算机内进行分析，这样就给入侵者提供了进入系统的机会。2011年4月，就发生一起利用某银行U盾漏洞在30秒内盗走一用户29万余元的犯罪事件。黑客仅仅通过"植入木马：利用'抓鸡'工具扫描有漏洞电脑，大约5%的电脑能植入木马"→"寻找用户：通过木马程序寻找安装网银驱动电脑，进行'重点监控'"→"获取密码：记录用户邮箱、QQ、论坛等密码，测试出用户U盾密码"→"转移资金：趁用户插入U盾交易后还未拔下之机，迅速登录对方网银并转走账户资金"等简单的四步就完成了资金盗窃。尽管这只是一次偶然事件，但也表明了目前的网络支付指令生成机制中确实存在一些漏洞，而且"瞄准"支付指令生成机制的黑客、病毒也不在少数。对于支付指令生成机制所运用的核心技术来说，越少人了解是越安全的，网络支付要安全发展，有保密性高、自主研发的支付指令生成机制显得极其重要。

（三）银行卡自身安全对网络支付安全的潜在影响

日益普及的银行卡作为网络支付指令生成机制中的重要载体，其安全性也对网络支付安全有着重要的影响。理论上，一般卡基支付工具的支付安全性主要包含在支付发生的认证前端、受理中端和账户信息处理后端。针对磁条卡安全防范能力较弱的情况，实施EMV迁移（简单说

即磁条卡向芯片卡转换）是提高银行卡卡片安全的关键步骤，已经成为业界共识。但与网络支付快速发展的实际相比，银行卡 EMV 迁移（金融 IC 卡）的推广步伐、配套机具改造以及应用领域仍然处于滞后状态，大量磁条卡应用于网络支付领域这也是影响网络支付安全快速发展的一个重要因素，这反映了支付指令载体与网络支付快速发展安全性要求之间的不匹配。

多数网络支付机构是金融机构的商户，如在业务开展时大量的伪冒卡交易发生在网络支付机构，当风险比例超过一定指标时，依照网络支付机构与一些合作银行签订的协议或国际卡组织制定的交易规则，网络支付机构会面临全额的经济赔偿甚至是关闭资金渠道的风险，亦即银行卡销赃风险。

三、支付指令传输渠道发展变化及其风险

支付指令传递渠道的变化是网络支付与传统支付在外在形式上的最重要区别，正因为这种变化"肉眼可见"，所以网络支付面临的众多风险因素中，特别是引起社会公众普遍关注的安全问题大都与这种变化相关。在互联网、手机（或移动）支付的"3G"无线网、数字电视网等各种类型的数据传输网络成为支付指令传递渠道的情况下，非面对面条件下支付指令传递渠道的变化带来的安全隐患，源于从传统支付银行间的专网封闭运行到众多参与者之间的"半开放式"乃至"完全开放式"运行。以 C2C 模式下的支付指令传输为例，网络支付服务的消费者（收付款人）与网络支付机构之间的支付指令传输是以互联网等公共网络为主的"完全开放式"。目前网络支付指令传输渠道发展变化面临的

风险主要有以下几个方面。

（一）与网络渠道相关的信息传输安全风险

网络支付与其他互联网活动类似，使用者通常都是以在线注册、登录方式开立和使用账户，消费者个人的账户密码以及身份验证大都通过在线方式完成，支付指令的传输也通过开放式的公用网络进行传输。在这一过程的各个环节中，无论是客户端、各通讯节点还是网络支付服务机构端，都有可能产生隐私信息、操作指令等被截取、泄漏的风险，进而带来损失。

现阶段网络一般采用非屏蔽双绞线作为传输介质。但随着科技的进步，通过诸如黑客系统攻击、扫号、DDOS攻击等方式，入侵者完全可以采用非接触方式通过双绞线的电磁辐射来获得网络信息，这样，网络操作系统的权限管理和安全管理制度都将失效。这些主要来自于系统外部的病毒和恶意攻击，对信息安全传输造成了很大的威胁，很容易造成网络支付机构的网络平台安全控制措施失效，而用户信息泄密的管理压力和规模化、组织化的网络犯罪则使得信息传输安全风险问题更为突出，如何保证数据安全传输始终是网络支付机构必须面对的重要任务。

另外，出于网络传输安全性的考虑，网络支付一般都采用加密方式进行信息传输。但当采用软件加密方式时，密钥管理很复杂，需要相互通信的用户都必须知道对方的密钥，而且即使用软件能实现硬件加密所完成的功能，所需要的时间也会很长，大大影响了信息传输的效率，使网络支付的快捷性大打折扣；而采用硬件加密方式时，密押机具的购置、保管、使用、销毁等各环节都需要建立配套的安全性要求，才能避免硬件加密设备遗失或被破解可能带来的"灾难性"后果。

（二）源自网络渠道的外部欺诈风险

网络渠道中威胁交易安全的主要风险来自于外部欺诈，即由于第三方的故意欺诈、非法侵占财产以及规避法律而引发的损失。网络支付机构面对的最典型的外部欺诈就是互联网上的木马和钓鱼，这类欺诈每天都大量出现在互联网上。相比传统的欺诈手段，源自网络渠道的外部欺诈的主要特点是：技术水平高、单笔金额小、速度快、隐匿性强、难以跟踪。这给网络支付机构的防范和公安机关的追查都带来了很大的困难。同时，因其在缺乏充分的用户安全教育和意识的培养条件下难以根治，客户对网络支付的信心更多的是一种主观感受，源自网络渠道的外部欺诈极大地损害了用户对网络支付安全的信心。

四、网络支付清算、结算安排发展变化及其风险

与传统银行支付结算领域中集中统一的资金清结算安排相比，网络支付机构提供的网络支付，其清算、结算安排原则上主要通过消费者与网络支付机构、网络支付机构与备付金存管银行、合作银行之间的"两两协议"来确定。因此，尽管网络支付的资金清结算安排仍然依托于中央银行为核心、商业银行为主体的现代银行体系，但加之更为繁杂的电子商务活动规则、虚拟账户使用规则和网络支付机构提供"信用中介"功能的支付模式，具体的某一笔网络支付业务的资金清算、结算实际上受多方因素的影响。总体来说，网络支付清算、结算配套安排的统一性及透明度对网络支付安全以及用户体验的提高也有着很大的影响。这种影响主要体现在两个方面。

(一) 网络支付业务规则的多元化、个性化发展与网络支付日益普及对基础性、原则性业务规则的需求存在矛盾，一定程度上影响着网络支付的整体安全

与传统银行间支付结算服务较为完善、统一的业务规则相比，网络支付机构因适应市场需求和市场竞争而自发形成的支付业务处理规则呈现明显的多元化，不同的网络支付机构在网络支付配套制度安排上存在很大的差异。这些配套支付安排主要涉及：网络支付业务的中止、退回、撤销、冲正；账务处理及调整规则；查询查复机制；提高网络支付效率的制度安排，包括身份验证、跨银行或者跨网络支付机构的制度安排以及与银行卡网络支付相关的退货机制等。上述这些与支付行为配套的基础性、原则性业务规则的缺失，影响了网络支付服务质量的提高和用户体验的改善。

(二) 实践中多元化、个性化业务规则的格式化、专业化，与用户对于安全、便捷的需求存在矛盾，一定程度上影响了网络支付服务的用户体验

除了网络支付基础性、原则性配套制度安排的缺失外，多元化、个性化配套制度的不透明和专业性较强也影响了消费者享有充分的知情权，用户思维中的"萧规曹随"往往在现实的网络支付服务中"行不通"，影响了用户对网络支付安全、高效的体验，甚至会因为"碰壁"、"麻烦"而对网络支付机构提供的网络支付服务产生不安全、不周到的感受。

第二节　网络支付机构关注的风险因素

全面考虑网络支付风险因素的另一视角是从支付行为当事人的视角加以分析。以下三节主要从支付行为当事人视角审视网络支付机构、政府监管机构以及用户等主要相关方对网络支付风险因素的不同关注点。相关分析讨论仍然聚焦于安全与效率两个方面损失的可能性。

网络支付机构作为网络支付服务的提供者，其基本目标是确保所提供的网络支付服务安全、高效、稳定运行。从网络支付机构的上述目标出发，其关注的风险因素集中于经营风险。对照作为传统支付结算服务主体的商业银行所面临的经营风险主要分为操作风险、信用风险和市场风险的情况[1]，结合目前网络支付业务中，网络支付机构主要涉及支付处理过程，并不存在银行信贷业务中的杠杆效应，即理论上并不存在资金无法兑付的情况。因此，对网络支付机构而言，其经营风险中最常见、最典型、最重要的风险是操作风险，而信用风险和市场风险的重要性就相对较低。除此之外，由于网络支付业务的特殊性，还应考虑信息安全风险和政策变动风险。

---

[1] 参见《巴塞尔协议》。

一、操作风险

巴塞尔银行监管委员会对操作风险的正式定义是：由于内部程序、人员和系统的不完备或失效，或由于外部事件造成损失的风险。与商业银行类似，网络支付机构的主要风险来源于操作风险。很多网络支付机构都脱胎于互联网企业，还有很多都是创业企业，规模较小，法人治理结构和内控制度并不完善，这就给操作风险的滋生带来了空间。业务管理和技术维护是网络支付机构日常经营的重点内容，因此，以下按照业务和技术因素，将操作风险分为运营风险和技术风险加以分析。

（一）运营风险

1. 交易流程风险

对银行而言，这类风险主要指交易处理、流程管理失误以及与交易对手关系破裂而引发的损失，可能由于产品特性或设计不合理、员工服务粗心大意或者对特定客户不能提供专业服务等原因而造成的银行损失。包括业务记账错误、错误的信息交流、叙述错误、未被批准的账户录入、未经客户允许的交易、交割失误、抵押品管理失误等原因造成的损失，及产品功能不完善、强行销售产品、未对敏感问题进行披露、对客户建议不当、职业疏忽大意、不恰当的广告、不适当的交易、销售歧视等导致与客户信托关系破裂、合同关系破裂、客户关系破裂而引发的损失。这类风险，在整个银行业的操作风险中占有相当大的比重。

对网络支付机构而言，交易流程风险作为经营风险的重要内生因素，其管理控制同样是十分重要的。结合目前较为成熟的网络支付机构防控和确保网络支付安全的管理实践来看,交易流程风险管控需要面对的主要风险因素可以大致分为五种类型,具体包括:内部欺诈(internal fraud);外部欺诈(external fraud);用户、产品和业务活动的安全问题(clients, products & business practices);业务中断(business disruption);流程管理(process management)等。

需要注意的是,交易流程风险容易且时常与其他的问题相结合形成"并发症"。例如,产品缺陷极有可能迅速引来外部欺诈团伙的聚集,而对用户建议不当和职业性的疏忽大意则可能会直接导致用户投诉到监管机构或媒体,引发声誉风险。

2. 不可抗力风险

不可抗力风险主要包括雇员活动和工作场所的安全问题(employment practices and workplace safety)和维系经营的实物资产损坏(damage to physical assets)的风险,具体指由于灾难性事件或其他事件引起的有形资产的损坏或损失。如自然灾害或其他外部事件(恐怖主义)引起的损失,包括由于暴风、洪水、地震、电压过大、恐怖活动等原因造成的物质资产损失。

对网络支付机构而言,运营风险的管控与网络支付业务的处理流程密切相关。内部、外部欺诈的防范机制、产品服务的创新活动与评价机制、业务恢复和系统应急预案,以及不同部门间的流程分工和彼此制衡,都会影响到运营风险的合理防范和运营效率的有效保障,进而影响到网络支付的安全与效率。

(二)技术风险

技术风险因素的关注点包括硬件系统运行的可靠性、应用系统的稳

第二章　网络支付风险因素综述

定性、系统运行的安全保障、网络的可靠性等。这些可引发业务中断的技术风险因素在实践中表现为计算机硬件、软件、通信或电力中断而引发的损失，包括硬件瘫痪、软件漏洞、设备故障、程序错误、计算机病毒、网络中断等原因造成的损失。

网络支付依托于互联网和计算机技术，实践中由于外部或内部原因造成的软件和硬件故障等各类技术或系统错误（business system failures）在所难免，需要日常的技术维护、系统变更、软件升级、设备更新等多种配套措施来进行弥补并适应业务发展变化的实际需要。从银行业支付清算系统运行维护的经验来看，业务规则与信息技术这两项决定支付服务形态的基本因素中，技术变动的频率要明显高于业务规则，因此对于网络支付机构而言，其针对技术风险因素的管理和应急处置能力明显要比运营风险的相应要求更为复杂。

与运营风险相比，技术风险因素造成的损失影响面更为广泛和普遍，因此后果可能更为严重。尤其是网络支付机构普遍使用的安全防控或业务处理技术若存在错漏，其波及范围甚至可能涉及整个行业，在给用户带来巨大的损失的同时，更会对整个网络支付行业产生较强的冲击。随着网络支付业务与技术因素的不断融合、交织，起源并依靠技术的网络支付机构对技术风险因素的关注和防控力度也应当不断增强。银行业支付清算系统有效防范技术风险因素的规范化、标准化、精细化的技术维护趋势，也应当是网络支付机构未来防范技术风险的努力方向。

二、信 用 风 险

通常情况下，依约从事资金转移服务的网络支付机构并不存在信用风险。电子商务活动中交易双方（消费者和商户）直接或间接违约的行为，通常不会给网络支付机构带来直接损失。但在网络支付机构扮演"信用中介"角色的担保支付方式下，信用风险成为网络支付服务中的一种伴生风险，交易双方无法履约的行为容易引发用户对网络支付机构的信任度降低。同时，消费者、商户的违约失信行为，会增加网络支付机构的运营成本和征信成本，影响和降低网络支付机构的运营效率。

网络支付机构发生信用风险的另一种情况则是：随着网络支付服务领域的不断拓展，在网络支付机构开始试水中小企业融资以及提供短期、小额信用额度等创新业务或逐步深入到供应链融资业务后，网络支付机构就将直面信用风险可能带来的直接损失。当网络支付机构为寻找新的利润点，而深入产业链的各个层面，开始为产业链中的核心企业提供资金流转上的行业解决方案或为用户提供融资服务时，如果付款企业出现无法按期兑付的情况，而网络支付机构又以自己的名义将资金垫付给了收款企业，此时网络支付机构就会面临直接的信用风险。

三、市场风险

按照管理经济学原理，市场是消费者的需求和生产者的供给两方面形成的交换及交换场所，根据消费者和生产者之间市场力（market power）的对比关系，我们可以将市场分为卖方市场和买方市场。在网络支付过程中包含了卖方、买方以及网络支付机构，而从买卖双方与网络支付机构的关系来看，又可以合并为网络支付机构和网络支付服务用户两部分。显然，网络支付服务商构成卖方市场，而网络支付服务用户构成了买方市场。在网络支付市场中，同样存在竞争、价格、分销等多种市

第二章　网络支付风险因素综述

场风险。在此，我们借波特的五力量模型①来分析网络支付行业存在的市场风险，如图2－1所示。

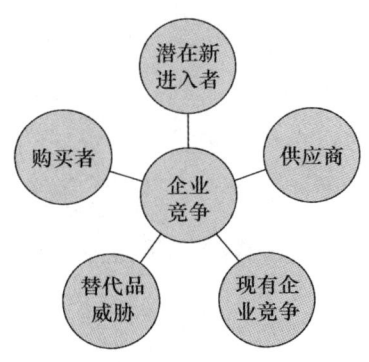

图2－1　五力量模型
（课题组制图）

首先，购买者（即服务用户）的威胁一方面体现在价格竞争上，服务用户对价格较为敏感，而网络支付服务机构，特别是中小网络支付机构与服务用户的议价能力十分有限；另一方面体现在服务责任上，网络支付利用为商户提供跨银行结算的服务优势，吸引了大量二级商户，而这些商户大小不一，良莠不齐，如果网络支付服务机构盲目趋利，未从安全保障义务的高度履行审查责任，就可能造成"劣质"二级商户充斥网络支付领域，并对行业的整体安全产生不可低估的影响。

其次，供应商的威胁主要源于网络支付业务对银行合作的依赖，不排除银行在通常"一年一签"的合作协议到期后可能撤出的威胁。从

---

① 五力量模型是麦克尔·波特（Michael Porter）于20世纪80年代初提出。该模型将大量不同的因素汇集在一个简便的模型中，以此分析一个行业的基本竞争态势。模型中确定了竞争的五种主要来源，即供应商和购买者的讨价还价能力，潜在进入者的威胁，替代品的威胁，以及来自目前在同一行业的公司间的竞争。

银行的盈利模式来看，主要来自利差收入和非利差收入两大部分。前一部分，银行和网络支付机构基本没有竞争；而在后一部分，目前双方服务的重合度较高，而且第三方利用银行前期忽视的领域快速进入了一个利基市场。因而网络支付机构的出现，使银行和网络支付机构的竞争变成了不同商业模式之间对潜在客户及金融资源的竞争。而且，随着快捷支付、基金、保险等代理业务渠道的推行，网络支付机构的技术创新、产品创新和商业模式创新，逐渐形成了金融脱媒。所以，银行可能会因为利润或是监管不对称等原因而选择退出，这对于受到牌照限制的网络支付机构来说是致命的。

第三，潜在新进入者和替代品的威胁主要源于最具实力的潜在竞争者——银行。由于网络支付发展前景广阔，而且银行依靠自身强大的实力、良好的信誉以及其一直以来所拥有的巨大的客户资源，这些优势是绝大多数现有网络支付服务机构无法比拟的。

第四，行业内现有竞争者的竞争，很可能会出现价格竞争、恶意诽谤等不正当竞争手段引发的恶性竞争情况。而网络支付机构之间的恶性竞争必然会带来一系列的问题，进而影响网络支付行业的整体安全与效率。

四、存量数据信息安全管理的风险

如前所述，实名制是网络支付机构确保网络支付安全的基础、首要原则。随着实名制在支付活动和电子商务活动中逐渐普及，结合未来强制规范的趋势，网络支付机构必须高度重视与实名制相关的信息安全管理工作，即网络支付机构在要求消费者、商户等网络支付参与者提交真实身份信息的同时，也要注意履行信息安全管理责任，防范因此而产生的侵害参与者信息安全的风险。

网络支付机构的数据信息安全管理范围包括用户姓名、身份证号码、电话、电子邮件或通信地址以及交易记录等隐私，这些信息未经用户许可披露可能导致用户受到骚扰甚至带来直接损失，进而引发公众对网络支付机构的信任危机。此类型的风险往往涉及金额并不巨大，但其影响力往往非常恶劣，会对网络支付机构的公信力产生巨大影响。

现代人几乎天天都会遭遇形形色色的"营销电话"、"垃圾短信"的现实情况充分说明：在信息交流更便捷、信息采集更全面、信息分析更深入的信息时代，信息泄露也更普遍。尽管目前尚无公开的网络支付机构受利益驱动，买卖用户信息牟利的具体事例，但相比网络支付服务机构对用户资金管理的重视程度，很多网络支付机构对保护用户信息的重视程度明显不足；而且随着网络支付市场规模的不断扩大，网络支付机构内部员工利用工作便利窃取用户身份信息、交易记录以出售牟利的风险正在不断加大，存量数据信息安全管理需要引起网络支付机构足够的重视与行动。

五、政策变动风险

正如2号令释放的"牌照红利"大大促进了持牌网络支付机构的业务发展，监管政策的每一次变动都会给网络支付机构的产品结构、业务模式甚至企业战略带来深远的影响。

目前，包括《互联网支付业务管理办法》、《银行卡收单管理办法》等法律法规尚未出台，在此情况下，包括备付金利息收入归属、线上线下渠道融合管理、网络支付限额以及网络支付创新管理等重要事项均未明确，这也给网络支付业务的安全、高效发展带来了很大的不确定性。

另外，对于网络支付机构而言，利润相对比较微薄，盈利模式并不清晰，只有达到规模效应才可能有效实现盈利。而达到规模效应的企业应对政策变动所带来的成本也是巨大的，无论是产品改造、风控管理流程完善还是系统优化都需要耗费大量的人力、物力及时间。

第三节　政府监管关注的风险因素

政府监管是网络支付行业健康、规范发展的重要推动力量。特别是在合规风险、系统性风险的管控和良好的外部环境营造方面，覆盖到位的有效监管是网络支付服务安全稳定运行的重要保障。

一、合规风险

合规风险是指网络支付机构及其提供的网络支付服务因违反现有法律法规或缺少明确法律法规而可能造成的损失。该类风险通常出现在支付环节之外，与网络支付业务处理的安全性并无直接关系。

该风险主要体现在以下两个方面：一方面是用户利用网络支付从事非法行为时，网络支付机构因疏于审核监督所可能承担的违规风险；另一方面则是因缺少明确的法律法规，导致网络支付机构经营活动面临的不确定性增强及可能带来的风险。需要强调的是，网络支付作为互联网和金融服务的交叉行业还存在诸多难以界定的问题，尤其是互联网技术革新速度快更增加了政策制定方向的不确定性和难度，很可能一个颠覆性技术出现之后整个市场发生了翻天覆地的变化，而相应政策及适应范围也就需要随之做出调整。与此相对应，通常情况下，传统支付服务的合规性要求比网络支付服务的合规性要求就更为具体。

在上述两方面风险中，监管机构的合规风险视角更多聚焦于网络支付机构及其网络支付服务是否严格落实了现有法律法规的要求。而关于第二方面法律法规缺失的风险将在下文网络支付的法制环境中详细阐述。目前，监管机构关注的合规风险点主要包括以下几个方面。

（一）洗钱和恐怖融资

反洗钱基本理论认为，犯罪分子普遍希望利用金融体系中管制薄弱的领域进入合法经济体系，因为这些薄弱领域被监测到的风险概率较低。一般情况下，各国严格监管银行等传统金融机构的反洗钱工作，对承担银行业务外包的非金融机构的反洗钱管制则较为松散或不做要求。在此情况下，包括FATF在内的国际反洗钱组织认为，金融服务外包的形式容易在监管严密的反洗钱网络中出现漏洞或薄弱环节，从而有可能被不法分子所利用。

新兴的网络支付行业是典型的反洗钱薄弱环节，其所提供的网络支付服务与传统银行支付相比，更容易成为洗钱、套现、恐怖融资等风险的集散地。主要有以下三个原因。

其一，独特的资金转移方式和渠道。当网络支付机构作为支付服务中介时，原本银行了如指掌的完整交易过程（付款人→收款人）被"割裂"为两个看起来毫无联系的交易（付款人→网络支付机构→收款人）。即使被"割裂"的两个交易发生在同一银行系统，银行也无法确定其因果关系。从这个意义上讲，网络支付机构的介入一定程度上屏蔽了对资金流向的完整识别。

第二章 网络支付风险因素综述

其二，便利的套现渠道。在银行 POS 业务中，银行会对申请人的资质进行调查，审核 POS 消费的单据，在一定程度上保证了贸易的真实性。而网络支付机构为收款方（商户）提供的虚拟商户 POS 机在突破时间、空间的限制，极大地便利用户的同时，也由于其商户资质审核的尽可能简化，成为信用卡套现或各类资金轻易转入可提取现金账户的便利渠道。

其三，潜在的资金跨境支付渠道。随着电子商务的发展和国内网络支付竞争加剧，跨境买卖的支付需求（无法排除纯粹的跨境转移资金）逐渐显现出商机。网络支付机构开拓市场、参与竞争的结果是资金跨境支付日益高效与便捷，这在便利正当的跨境支付需求的同时，也成为"黑钱"跨境的潜在渠道。

中国人民银行于 2012 年 3 月发布了《支付机构反洗钱和反恐怖融资管理办法》，其中规定了支付机构实施"注册用户实名制"、"定期提交大额可疑交易报告"等措施。但事实上，由于网络支付机构本身管理良莠不齐，很多网络支付机构尚无法达到监管机构要求的反洗钱标准，网络支付机构依然是反洗钱的薄弱环节。

（二）信用卡恶意套现

信用卡恶意套现是指信用卡持卡人违反与发卡行约定，不通过正常合法手续（ATM 或柜台）提取现金，而通过其他手段将信用卡的信用额度以现金的方式套取，同时又不支付提现费用的行为。恶意套现就是利用信用卡消费与取现形式之间存在的利差，通过虚假消费的形式无偿占用发卡行的授信额度。随着电子商务的快速发展，市场上开始出现利用网络支付服务套现的情况。特别是在用户同时拥有买家和卖家账户前提下，通过信用卡网络支付完成虚假交易套现的成本几乎为零。

由于我国没有个人破产制度，信用卡本身又是一种无担保的借贷工具，因此恶意套现不还款，就将转移成为银行的经营风险。此外，恶意套现实际上是把银行的个人信贷收入变成了货币转移的收单费用，某种程度上降低了银行应得的收入。网络支付机构的介入提高了恶意套现的效率，导致商业银行利益受损，压力增加。而对于网络支付机构而言，恶意套现会催生大量网上虚假交易，影响交易安全，不利于电子商务健康发展和整个社会良好诚信环境的养成。

（三）违法违规交易风险

违法违规交易风险，是指通过网络支付机构进行交易的商品、服务，与法律法规相冲突。违法违规交易风险管理目的是排除禁限售品或其他敏感物品借助网络支付平台进行流通，满足公司合法合规经营的要求。与法律法规相冲突的商品或服务，下面统称为禁售品。其中黄赌毒、政治类、危险品类商品的交易流通规避为重点。

高利润是少数网络支付机构无法拒绝违法违规交易的重要原因。据了解，赌球网站与网络支付机构合作基本上会支付1%~3%的交易手续费，这一比例远高于一般业务的收费标准。近年来，监管部门日益明确了支付机构对其接入的网络商户"违法违规交易"负有"准入和监控"的责任。如果网络商户经营"黄赌毒"或政府明文禁售的商品，支付机构明知其为非法行为而为其提供支付服务的也会受到法律的惩处。

(四) 业务创新带来的合规性风险[1]

近些年来，网络支付机构为在激烈的市场竞争中取得立足之地，发挥自身比较优势，努力寻求和创造新的利润增长点，在支付渠道、支付工具和产品服务等方面进行了一系列创新。但随着支付服务范围和规模的不断扩大、新型支付工具的推广应用以及市场竞争的日趋激烈，网络支付机构在提供支付服务时也产生了新的风险，需要高度重视并及时加以解决。

1. 网络支付服务滥用问题

随着金融机构监管工作不断加强，不法分子利用网络支付服务从事赌博、诈骗、套现等违法犯罪活动的倾向逐渐"抬头"，而网络支付机构在面临拓展服务对象、服务领域的市场竞争压力下，疏于管理或"有意忽视"以合法电子商务"包装"的违法违规交易，就造成了网络支付服务被违法违规交易利用的情况。

2. 业务系统安全问题

一些网络支付机构的所谓业务创新盲目追求效率、过于强调用户体验，而忽视了支付业务系统的安全性和可靠性，缺乏必要的应急处理设施和方案，应对和处理危机的能力较差，业务连续性缺乏保障。这不仅导致支付业务的差错率较高，影响了支付的安全和效率，而且存在网络黑客盗用资金、内部人员勾结作案等安全隐患。

3. 网络支付创新，尤其是增值服务的合规性界定问题

在网络支付服务领域、方式、对象不断拓展的同时，不少网络支付

---

[1] 欧阳卫民："非金融机构支付服务的创新与监管"，http://finance.sina.com.cn/leadership/mroll/20100817/15428497303.shtml

机构业务创新的步伐不再局限于网络支付领域，逐渐向全场景的支付应用和增值服务领域迈进。线上线下渠道融合管理的O2O模式就代表了这种方向。但从监管机构制度规范通常滞后于市场机构业务发展的一般情况来看，未来的网络支付创新，尤其是类型多样的、并不属于支付结算领域的增值服务，其业务的合规性界定问题将十分突出。

二、系统性风险

政府监管机构关注的网络支付可能引起的系统性风险主要有两方面：发行虚拟货币冲击货币信贷政策的系统性风险和支付系统的负外部性导致的系统性风险。其中虚拟货币对货币信贷政策的影响已在第一节中进行了分析讨论，此处主要讨论支付系统的负外部性。

（一）支付体系外部性简述

支付体系是有关货币形态、支付指令及其传递、资金清算结算以及配套监管措施的一系列技术、制度安排的有机整体。支付系统是支付体系技术、制度安排的重要载体。作为现代市场经济的核心金融基础设施，受支付系统外部性的影响，支付体系也表现出很强的外部性。支付系统的负外部性可能通过两种途径引发系统性风险：一是单家机构的支付系统风险往往会感染整个系统甚至其他金融行业，如A银行的支付系统故障同时会影响到其他银行与A银行的往来账处理；A银行支付系统清算资金的流动性不足，也可能导致更多银行的连锁反应，即多米诺骨牌效应。二是支付系统整体的安全稳定运行支撑着社会经济、金融活动的顺畅运行，支付系统整体性的故障或运行安全、效率水平降低会直接影响社会经济、金融活动的方方面面,对实体经济甚至社会生活带来间接的不利影响。

(二) 网络支付活动的系统性风险

网络支付作为新型支付方式,同样具有负外部性。支付体系的负外部性凸显了支付体系监管的必要性,这同样是对网络支付机构及行业进行监管的根本原因。与传统银行业金融机构相比,其产生负外部性进而引发系统性风险的可能性相对更大。

首先,在网络支付模式下,网络支付机构承担了类中央银行的跨行支付清算职能,但与中央银行的支付清算系统相比,其风险控制能力、救济手段明显较弱,在商业性和盈利动机驱动下,更容易在支付履约过程中产生道德风险。

其次,在网络支付模式下,普遍的约时清算行为加大了支付与结算之间的时滞,参与者在时滞内可能故意或因为不可抗力因素而无法完成最终的结算的风险加大,进而更容易引发信用风险。

第三,与主要通过专网连接的银行间支付系统相比,网络支付依托公用网络,其网络安全环境较差,其支付系统的安全稳定运行面临的压力更大,发生重大故障进而影响电子商务活动的风险更大。

此外,由于网络支付机构之间以及与商业银行之间存在着更为复杂的资金链关系,在极端情况下,小范围的流动性风险、信用风险可能引发金融系统大范围的流动性风险,进而引发整个支付体系的系统性风险。

三、监管机构关注的其他潜在风险因素

在网络支付领域,除了合规风险、系统性风险等监管机构已高度关注的风险因素外,监管机构还要关注以下三方面潜在风险,以营造良好的外部环境,维护网络支付的安全、高效、稳定运行。

(一)网络支付的法制环境

除了支付行为、互联网活动的基本规则外,网络支付的安全高效运行还涉及到网络安全技术、数字签名技术、民事责任分担机制、电子商务平台等诸多相关问题,因此网络支付的安全性离不开众多配套法律的完善。而在我国,网络支付活动依据的现行法规主要有:《电子签名法》《电子认证服务管理办法》《电子支付指引(第一号)》《发展电子商务网上支付若干意见》《非金融机构支付服务管理办法》等。不难看出,这些法规除了2号令外,明显针对性弱、综合性差且缺乏可操作性。作为一种新兴的支付方式,网络支付有着独特的法律需求,如果仅仅只是通过关联性的法规制度,而不是专门性的法律规范,那么网络支付的发展便难以做到有章可循,这不仅容易引发支付规则的混乱以及支付风险的发生,而且也不利于网络支付市场和电子商务活动的稳健发展。

西方发达国家如美国和欧盟,多沿用现有传统银行和支付管理法律来监管线上支付,由银行承担了保障网络支付安全的主要责任。而国内的银行发展滞后于国外,信用体系尚未完善,因此无法完全沿用线下管理体系来规范线上支付行为,使得线上支付安全的政策法律环境出现诸多监管空缺。与国外相比,我国支付业务监管还有进一步完善的空间,特别是普通用户的保障机制，以及安全利益相关方在安全方面的权责界限等方面，亟须进一步明确化。此外，虽然现行的法律法规对网上支付主体、经营机构进行了规范，但针对网上支付的综合安全保障方面，还缺乏综合性的法规来明确银行、商户等相关方面的责任义务，针对用户支付安全问题的追偿也缺乏明确的监管主体，来有效保障用户财产和信息安全。

（二）牌照延续及行业竞争结果

2号令规定，《支付业务许可证》自颁发之日起，有效期5年。支付机构拟于《支付业务许可证》期满后继续从事支付业务的，应当在期满前6个月内向所在地中国人民银行分支机构提出续展申请。中国人民银行准予续展的，每次续展的有效期为5年。

上述网络支付牌照的期限及延续规定有利于引导和督促持牌支付机构强化经营管理，提升服务质量。但同时也存在两方面的潜在问题：一是持牌机构每5年面临一次"大考"，如果不能如愿取得牌照期限的续展许可，则必须有终止其经营和服务的合理安排，但其中隐藏着"大而不倒"的问题；二是行业垄断和市场壁垒。支付牌照是对获得牌照企业从平台系统、运营管理以及风险控制等各方面资质的一个有效认可，对于提升企业的品牌形象和公信力具有重要作用。在网络支付细分领域的竞争愈加激烈的大趋势下，5年一次的"大考"客观上将会加速行业的兼并和重组。如果网络支付资源逐渐被大企业掌控，而且需要牌照，未来将会给互联网电子商务甚至是实体企业领域构筑较高的门槛，新进入者被彻底隔离在外面。网络支付机构在获得支付牌照后，通过业务扩张，逐步提升竞争力，将形成无形的进入壁垒。

(三）消费者安全教育和权益保护

通过培训、宣传等教育手段普及网络支付安全知识是营造安全支付环境的重要措施。尽管消费者安全教育的作用在长期积累后才能体现，但它仍被认为是成本最低、收效最大、能从根本上消除风险的、重要的安全防控措施。易观国际的相关研究表明：如果提高用户的安全意识，正确使用网络支付机构提供的软硬件安全控件，便能极大地降低用户的网络支付风险几率。

在营造网络支付安全环境方面，监管机构在消费者安全教育和消费者权益保护方面承担着"兜底"职责，这意味着即使所有的市场参与主体都忽视消费者安全教育，监管机构也必须从维护支付清算系统安全稳定运行的法定职责出发，积极主动地推动消费者安全教育和消费者权益保护工作。这也是除了监管权力外，监管机构规范和促进网络支付机构稳健发展的另一种"重要力量"——培育更多具备良好安全意识、风险自控能力的市场参与主体。

第二章　网络支付风险因素综述

第四节　影响网络支付用户安全感受的主要因素

　　网络购物者和网络商户是网络支付最广泛的用户。在网络支付活动中，用户一方面是支付风险的最终承担者；另一方面广大用户的用户体验、支付习惯、多元化的支付服务需求不断推动网络支付服务效率与安全的提升。与网络支付机构、政府监管部门较为专业、客观地关注影响网络支付安全的风险因素相比，网络支付用户对于影响网络支付安全风险因素的认知更多地与其使用网络支付服务的用户体验密切相关。网络购物者和网络商户对网络支付安全的要求可以简单归结为：在享受安全、便捷、高效的网络支付服务时，其合法权益得到保护、不受侵害。

　　但需要特别注意的是，在网络支付安全问题被"异化"或"广泛化"（即在大量的客户将网络购物中遇到的商户不诚信、商品质量差、物流时效差等相关事项也可能被视作网络支付安全问题）的情况下，消费者对于网络交易的不良体验也会波及其对网络支付安全的感受，而这对于准确判断和衡量网络支付安全问题将产生明显的不利影响。本节将探讨影响网络支付用户安全感受的主要因素，并对网络支付风险因素进行总结。

一、交易安全、信息安全与账户资金安全

欺诈交易和个人信息泄漏仍然是影响用户网络支付安全感受的最大的现实威胁。很多网络支付安全事件的发生或源于消费者缺少必要的辨识技能，最终被仿冒网站和"钓鱼"程序的不安全交易侵害；或由于消费者缺乏必要的警惕性，在购物网站上轻易泄露了与支付相关的个人信息，而且其支付密码设置相当简易或有迹可循，最终导致账户资金被盗。因此，用户对于网络支付安全的需求集中体现交易安全、个人信息安全与账户资金安全等相互交织、彼此影响的三个方面。

此外，对于网络商户而言，在产、供、销三个环节中，网络支付的约时清算机制与其生产、供应契机"错配"造成的机会成本也是需要关注的因素。

二、网络支付参与各方权利、义务的明确与强化

（一）网络商户的法律地位明确与监管

传统的民商事主体从事经营活动必须通过工商行政管理部门登记注册。但在电子商务环境下，网络商户所需要的虚拟空间一般都是由网络服务提供商或电商平台来提供，尽管网络服务提供商和电商平台原则上也会要求网络商户提供开设者身份证明，但这种市场化的、形式上的有限管理，与传统商务活动主体面对的工商登记制度仍相距甚远。

网络商户作为电子商务活动中产生的、新型的民商事行为主体，传统的法律法规难以对其权利义务进行明确规定。在网络商户缺乏必要监

管，其权利义务不明确的情况下，消费者与其发生交易行为后可能发生纠纷的几率较高，这对网络支付的安全体验影响很大。

（二）强化网络支付机构、银行等其他参与主体的义务与责任

对数量众多的消费者而言，在发生网络支付安全问题时最好的制度选择自然是由银行或网络支付机构承担先行偿付责任，以保护弱势群体，且举证责任由银行或网络支付机构承担；当且仅当银行或网络支付机构证明自身无过错且消费者存在过错的情况下，才能免除责任。如中国人民银行2005年颁布施行的《电子支付指引（第一号）》第四十二条规定，"因第三方服务机构的原因造成客户损失的，银行应予赔偿，再根据与第三方服务机构的协议进行追偿"。但现实中这一指导性的先行偿付责任仍难以落实到位。

虽然，在目前我国网络支付行业竞争激烈、规范发展刚刚起步的环境下，出台和实行类似法规制度的条件尚不成熟。但是，未来随着网络支付行业逐步达到规模效应，甚至逐步出现垄断及行业壁垒，以安全保障义务为核心提高和强化网络支付机构的服务责任，进而增强用户使用网络支付的安全感将会变得日益重要。

（三）退货、理赔、投诉、安全事件查处等配套机制的高效便捷

退货、理赔、投诉、安全事件查处等配套机制与网络支付安全并无直接关系，但网络支付安全作为网络交易安全的核心组成部分，这些配套机制的高效便捷也会增强消费者的安全感受。很多消费者在面对电子商务纠纷或安全事件时，尤其是金额不大的交易纠纷和安全事件时，在考虑到维权需要付出的时间、精力等成本因素后，往往选择了放弃。这种情况不仅不利于督促网络商户改进、提升服务质量，相反助长了部分网络商户以次充好、恶意欺诈的活动。从这个意义上来看，与电子商务活动配套的"生态环境"优化也是提升用户对网络支付安全感受的重要因素。

三、社会信用环境有待改善

在现代市场条件下，信用属于市场经济范畴，信用产品是具有价值和使用价值的特殊商品，这种商品交易规模的扩大，支撑着信用交易规模的扩张。现代信用制度催生出崭新的信用理念，崭新的信用理念催生出对信用产品的即期需求和潜在需求，对信用产品日益增长的需求催生出整个社会对失信者的鄙弃和惩戒，整个社会形成的公众信用态度催生出信用交易的秩序，信用交易规范的市场秩序催生出新的市场体系和现代营销方式[①]。网络支付的安全和效率就需要这种良好的信用环境。但现实中我国的网络支付却面临着一个观念、体制、机制都需要不断改善的社会信用环境。

在观念上，商务活动主体的信用意识淡薄仍然是需要长期面临的现实环境。电子商务环境下非面对面交易的虚拟特性和缺乏充分监管的实际，更是助长了网络商户无视信用，钻营短期利益的行为。

在体制上，缺乏权威的公开的交易信用和支付信用信息共享体制。从网络支付产业链来看，银行、银联、网络支付机构之间尚未形成健全、完善的支付信用信息的共享机制，而交易信用所需要的工商、税务、外贸、质检、药监等大量信息也都分散在各领域的政府监管部门中。

---

① 陈文玲："中美信用制度的比较和建设"，《南京经济学院学报》，2003年第2期，第2页。

在机制上，尽管已经有电商平台根据网络商户的交易记录进行交易信用的等级划分，但总体上交易信息、支付信用信息的开放和使用还缺乏明确的法律界定；企业和消费者也缺乏公开相关信息的权威渠道，多数商户公开的信息的真实性值得怀疑，与消费者信用相关的信息则更是缺少获取渠道，几乎还是一个空白。

四、网络支付服务创新与效率提升

尽管从行为、服务主体和监管部门的角度来看，信息传输、流程管控、安全技术、资金管理、风险防范、产业链合作、合规管理、业务连续性保障等诸多因素都关系到网络支付的安全，但从用户角度出发，用户对于网络支付安全的认知则与其用户体验密切相关。这意味着，网络支付服务机构通过业务创新和效率提升也能间接影响用户对于网络支付安全的心理感受。长期来看，只有实现网络支付安全与网络支付服务创新和效率提升相辅相成的网络支付机构才可能增强其用户的"黏性"。

五、对网络支付风险因素的总结

本章分别从网络支付业务视角、网络支付行为当事人视角以及相关外部环境等不同角度对影响网络支付安全的主要风险因素进行了分析。表2-1对不同视角下的各类风险因素及其可能导致的后果进行了汇总。总体而言，围绕网络支付安全与效率的各类风险因素的综合治理必须结合网络支付发展的实际情况，需要网络支付参与各方在安全与效率目标中进行取舍、博弈与平衡。

表 2-1　　　　　　　　　　网络支付风险因素汇总表

	风险因素划分标准	主要风险因素描述	风险因素可能导致的不良后果
网络支付行为基本要素视角	货币资金形态	未严格落实账户实名制而导致的整体环境恶化风险	网络洗钱、网络犯罪的滋长以及电子商务环境的恶化
		与沉淀资金相关的流动性风险、信用风险和道德风险	网络支付机构挪用、侵吞沉淀资金损害客户合法权益,极端情况下,流动性的不足会造成网络支付机构的清偿危机,导致单个机构破产甚至引发系统性风险
		虚拟的货币发行和融资授信影响、冲击货币信贷政策的风险	中央银行铸币税风险、宏观调控风险,以及货币信贷政策的有效执行
	支付指令形态	不同网络支付机构间的支付指令生成机制通用化程度低,影响了网络支付的效率	抑制网络支付的"脱媒"步伐和技术、流程进步
		支付指令生成机制中潜在的安全漏洞威胁着网络支付的安全	截取、伪造、变造电子支付指令以窃取资金
		银行卡自身安全对网络支付安全的潜在影响	伪冒卡交易带来的银行卡销赃风险
	支付指令传输渠道	与网络渠道相关的信息传输安全风险	隐私信息、操作指令被截取、泄漏进而带来损失的风险
		源自网络渠道的外部欺诈风险	损害用户对网络支付安全的信心
	支付清算、结算安排	日益普及的网络支付仍缺少基础性、原则性的具体业务规则	影响网络支付服务质量的提高和客户体验的改善
		相关安排缺少足够的透明度,导致用户被动接受的现实和主观能动反应不足	影响客户体验

第二章 网络支付风险因素综述

续表

风险因素划分标准			主要风险因素描述	风险因素可能导致的不良后果
网络支付机构视角	操作风险	运营风险	交易流程风险：内部欺诈、外部欺诈、客户、产品和业务活动的安全问题、业务中断、流程管理	交易流程风险容易且时常与其他的问题相结合形成"并发症"
	操作风险	运营风险	不可抗力风险：灾难性事件或其他事件	有形资产的损坏或损失并影响服务连续性
		技术风险	硬件瘫痪、软件漏洞、设备故障、程序错误、计算机病毒、网络中断等	若普遍使用的安全防控或业务处理技术存在错漏，其波及范围可能涉及整个行业并产生较大冲击
	信用风险		伴生信用风险：交易双方无法履约	增加网络支付机构的运营成本和征信成本
			直接信用风险：授信、融资对象无力偿付	面临类似银行不良贷款无法收回的损失
	市场风险		包括用户、供应商、潜在新进入者及行业内现有竞争者四方面的竞争风险	不正当或恶性竞争对行业安全与效率的短期影响
	存量数据信息安全管理风险		因网络支付机构内部管理原因造成的侵害参与者信息安全的风险	导致客户的直接损失，进而引发公众对网络支付机构的信任危机
	政策变动风险		监管政策变动会给网络支付机构的产品结构、业务模式甚至企业战略带来影响	机构发展中的不确定性以及政策变动所带来巨大成本
政府监管视角	合规风险	洗钱和恐怖融资	新兴的网络支付行业是典型的反洗钱薄弱环节，更容易成为洗钱、信用卡套现、恐怖融资等的集散地	网络支付行业成为洗钱、信用卡套现、恐怖融资的"便利"渠道

续表

	风险因素 划分标准		主要风险因素描述	风险因素可能导致 的不良后果
政府监管视角	合规风险	信用卡恶意套现	网络支付环境下，信用卡网络支付完成虚假交易套现的成本几乎为零	
	违法违规交易风险		黄赌毒、政治类、危险品类商品的交易风险	相关网络支付机构的业务终止以及对社会治安、社会稳定的不良影响
	业务创新与合规监管的关系处理		业务创新带来的服务滥用、业务系统安全以及创新增值服务合规性界定等问题	逃避规则管制、以创新名义不正当竞争会加大整个行业合规风险
	系统性风险	网络支付活动的负外部性	单家机构的风险往往会感染整个行业，网络支付行业波及银行业乃至其他实体经济、社会生活	引发大面积的流动性、信用风险
	潜在风险	网络支付的法制环境	网络支付的安全性离不开众多配套法律的完善；互联网与支付行为的双重特性下的独特法律需求	法制环境不健全容易引发支付规则的混乱以及支付风险的发生，而且也不利于网络支付市场和电子商务活动的稳健发展
		牌照延续及行业竞争结果	牌照续展必须有终止其经营和服务的合理安排；要避免不利于市场竞争的网络支付机构兼并、重组	潜藏着"大而不倒"、行业垄断和市场壁垒的问题
		消费者安全教育和权益保护	网络支付安全环境营造是网络支付安全的重要组成部分，监管机构在消费者安全教育和消费者权益保护方面应承担着"兜底"职责	无法从根本上防控外部欺诈、违法违规交易等风险，导致行业发展环境的恶化

第二章　网络支付风险因素综述

续表

风险因素划分标准	风险因素	主要风险因素描述	风险因素可能导致的不良后果
影响消费者安全感受的主要因素	交易安全、信息安全与账户资金安全	消费者对网络支付安全的基本要求，是消费者安全感受的"最低需求"	三项最低需求无法保证时，将动摇网络支付行业发展的基础，用户对网络支付系统的信心将难以维系
	网络支付参与各方权利、义务的明确与强化	一是网络商户缺乏必要监管，其权利义务不明确；二是网络支付机构、银行相对强势，承担差错赔偿或者安全保障义务的规则不明确；三是退货、理赔、投诉、安全事件查处等电子商务和网络支付配套机制欠缺。这是影响用户安全感受的"隐忧"	"用户至上"的网络支付服务局面无法有效实现，弱势群体的感受难以吸引更多用户进入网络支付
	社会信用环境有待改善	网络支付面临着一个观念、体制、机制都需要不断改善的社会信用环境	失信惩戒机制的缺乏、信息公开中障碍、空白都可能影响网络支付的安全与效率
	网络支付服务创新与效率提升	业务创新和效率提升能间接影响用户对于网络支付安全的心理感受	用户"黏性"降低导致的客户流失与网络支付机构市场竞争力下降

必须说明的是，一方面上述各类网络支付风险因素都与网络支付安全或效率相关，影响着网络支付机构、行业的发展；但另一方面，在特定时间、特定条件构成的现实环境下，所有因素不可能同时影响网络支付安全与效率，网络支付机构和行业的健康发展需要结合实际，对不同的风险因素采取不同力度、不同进度的防控和治理手段。下一章中我们将结合实际对各类网络支付风险因素作进一步分析。

第三章

中国网络支付安全的现状与治理建议

第一节　中国网络支付安全的现状

影响网络支付安全与效率的各类风险因素与网络支付安全问题之间既有联系又有区别。笼统地说，网络支付安全问题是网络支付风险暴露的表现形式，风险事件是网络支付风险暴露并演化为网络支付安全问题的催化剂。在某一时期的特定条件下，并非所有的网络支付风险因素都会表现为网络支付安全问题，只有那些伴随风险事件受到社会关注和热议的风险因素，才会转化为网络支付各方都共同关心的安全问题。本节将在回顾总结近年来中国网络支付领域典型风险的基础上，对中国网络支付安全的现状与发展方向进行总体分析。

一、中国网络支付领域的典型风险及类型

（一）基础关系违法

基础关系是支付行为发生的原因，通常被理解为交易关系或债权债务关系。基础关系对支付行为起着决定性的作用，网络支付也不例外。对网络支付机构而言，其所提供的网络支付服务是否存在安全问题，与网络支付服务的基础关系密切相关。如果网络支付机构提供的网络支付服务被违法犯罪行为所利用或者为违法犯罪行为提供了便利，自然会引

第三章　中国网络支付安全的现状与治理建议

起安全问题。

2009年8月至10月，公安部等九部门联合开展打击整治网络淫秽色情专项行动，其中将"为网上淫秽色情信息传播提供非法牟利渠道的网络支付平台"列为重点整治对象之一。2010年9月，新华社刊发《公安部：对网络赌博违法犯罪保持严打高压态势》、《我国集中整治网络赌博专项行动战果显著》两篇文章。文章报道，在公安部此次专项行动中，共打掉为赌博网站提供支付服务的犯罪团伙21个，打掉为赌博活动提供支付服务的网络支付平台"壹支付"，冻结赌资6000余万元。2011年6月，最高人民法院、最高人民检察院、公安部联合印发的《关于办理网络赌博犯罪案件适用法律若干问题的意见》中明确规定"明知是赌博网站，而为其提供资金支付结算服务的，属于开设赌场罪的共同犯罪"。

对网络支付机构而言，上述事例所反映的网络支付安全问题可以归结为偏离了合法合规经营的轨道。合法合规经营是网络支付机构的支付安全的立足点，违法违规风险是网络支付机构提供的网络支付服务所面临的最大的安全问题。从全社会的整体角度而言，只有合法合规经营的网络支付服务才是安全的，这是网络支付安全的生命线也是底线。从现实情况来看，在高额交易手续费的"诱惑"下，一些无法达到规模效益的中小网络支付机构忽视对二级商户的管理有可能成为此类风险的高发地带。

（二）内部管理失当

内部管理是网络支付服务机构主动影响、提升网络支付安全的最重要内容。对网络支付机构而言，网络支付安全的内部管理重点主要包括流程完善、技术和信息安全、资金安全、规则健全和人员诚信等内容。

内部管理失当则是指网络支付机构在上述内部管理重点和主要事项中存在过失与疏漏的情况。内部管理失当的具体风险事件多种多样，包括但不限于以下风险。

（1）交易管理失控。如交易处理存在安全隐患、进行未被授权的交易、从事未报告的交易、超过限额的交易以及内部交易等。

（2）技术和信息安全防控存在漏洞。如支付指令在处理流程中被窃取和篡改、用户关键信息泄露、保密或安全设备遗失、涉及安全防控的机密信息泄露等。

（3）资金管理缺位。如结算资金划拨错漏，盗取、挪用用户资金等。

（4）人员管理不善，如内外勾结、偷盗、贪污、接受贿赂、做假账等。

上述风险事件中，产品服务缺陷、用户资金挪用和用户信息泄露等三种风险事件更容易引发社会公众对某个支付机构乃至整个网络支付行业的信任危机，其"重大而恶劣"的潜在影响使其成为监管部门、媒体以及社会公众关注的重点，应当引起网络支付机构的特别注意。例如，2011年初某银行网银由于多种安全产品设计缺陷就置身于"支付不安全"舆论风暴眼中。该行设计的安全产品"网银校验动态口令"在一分钟内有效，而就是这短短的一分钟，让不法分子有了可乘之机。

需要特别指出的是，从产业链角度来看，网络支付机构等新兴的市场服务主体，在用户信息泄露的风险事件中有时还扮演者"诱发者"或者"始作俑者"的角色。例如，2012年8月，网上曝出某银行将3.2万用户的个人信用信息违规提供给某P2P网络贷款公司，从而受到监管部门批评。在此类风险事件中，新兴市场机构的"购买"成为传统

第三章　中国网络支付安全的现状与治理建议

用户信息"集散地"泄露用户信息的诱因。因此，要整体防范用户信息泄露事件的发生，就必须从买、卖两个方面协同推进。

（三）外部欺诈层出不穷

外部欺诈主要是指外部人员利用各种手段骗取、窃取与支付交易相关的数据信息和数据，继而操纵或介入支付交易，以盗窃、诈骗行为非法侵占支付交易当事人合法权益的情况。威胁网络支付安全的外部欺诈形式五花八门，层出不穷。比较典型的外部欺诈形式有以下八种。

（1）发送欺诈性电子邮件，以中奖、顾问、对账等内容引诱用户在邮件中填入账号、密码、身份证号等信息，继而盗窃用户资金。

（2）模拟银行或网络支付机构的客服号码发短信或打电话引导用户告知账户密码信息。

（3）钓鱼。假借正规金融机构或商户名义发布信息或建立起类似的域名和网页内容引诱受骗者登录虚假网站，输入账号密码，以实施信息窃取。

（4）木马。在大规模发送的电子邮件中或在网站、可下载的文件、图片及软件中隐藏"木马"程序，在感染"木马"的计算机上进行网上支付交易时，"木马"程序即以键盘记录方式获取用户账号和密码，或在受害者不知情的情况下，引导用户利用网络支付工具打款给对方账户或支付某笔订单。

（5）利用部分用户贪图方便、设置"弱密码"的漏洞，使用软件程序随机的扫号，导致密码简单的用户账户被盗。

（6）利用非法获取的用户身份信息等猜测用户账户密码，进而实施盗窃。

（7）通过电话、短信等非接触方式（少数情况也采取接触方式）模仿用户朋友及亲属，引诱用户利用网络支付工具打款给对方账户或支付某笔订单。

（8）庞氏骗局或金字塔传销类型的商户欺诈。

外部欺诈的主要对象是网络支付的用户。相比传统的欺诈手段，互联网上外部欺诈案件或风险事件的主要特点是：技术水平高、单笔金额小、速度快、隐匿性强、防御难度大。而对网络支付机构而言，其所面临的最常见、最大量的外部欺诈就是互联网上的木马和钓鱼。中国互联网络信息中心（CNNIC）发布的《2012年中国网络支付安全状况报告》显示，我国网上支付用户遭遇支付不安全事件比例为3.2%。其中：用户遇到的最主要不安全问题是遭遇虚假网站欺骗后贸然支付，有64.4%的比例；第二位的是支付账号或密码被盗，有19.2%的比例；第三位的是支付过程遭遇木马病毒，有11%的比例。

（四）配套环境缺失，影响安全感受

（1）网络环境存在着潜在风险。中国互联网络信息中心（CNNIC）统计数据显示：2012年10月份，中国境内被植入后门的网站有7366个，比9月份4334个增长了70%。在国庆节期间，监测发现平均每一秒拦截157次购物钓鱼网站的仿冒页面。

（2）用户安全教育不足与用户安全意识不足。一方面包括网络支付在内的全面系统、深入持续的金融消费者教育局面尚未形成，各网络支付机构的安全教育"各自为政"，尚未形成合力。另一方面从用户角度来看，也缺乏权威的全面了解网络支付安全防范措施的信息渠道。而用户安全教育不足是造成用户安全意识不足的主要原因。《2012年中国

网络支付安全状况报告》显示，仅一半网上支付用户关注网上支付安全问题。52.8%的网上支付用户关注网上支付的安全问题，还有47.2%的用户对网上支付安全问题表示非常不关注或较不关注。此外，有57.6%的用户表示不知道保障网上支付安全的办法。

（3）网络支付安全事件缺少规范、高效的查处机制。《2012年中国网络支付安全状况报告》显示：在遇到不安全事件时，34.2%的用户是申请支付机构解决；9.6%的用户报警求助公安机关；有6.8%的用户自己找不法分子追偿。有41.1%的用户并没有追究责任，而是自己承担损失。而四成左右用户在发生网络支付安全事件后"吃哑巴亏"的现实，也较为充分地说明了网络支付安全事件查处机制缺失的情况下，用户在网络支付领域无助、无奈的尴尬境地。

综合来看，上述四种典型风险是影响中国网络支付安全与效率的最突出的风险因素。其中，违法违规交易、网络支付机构的内部管理以及网络环境中的外部欺诈等三种风险因素更可能直接带来用户和网络支付机构资金损失、业务终止等具体、客观后果；而外部配套环境的改善则主要影响用户对于安全的心理感受，其潜在影响很可能更抽象、更主观、更广泛、更难以估计。

二、中国网络支付安全现状的两个基本判断

（一）中国网络支付安全风险可控，总体平稳，趋势向好

首先，整个中国网络支付行业在短短的十余年间从零增长到万亿级规模，如果没有一定的风险控制能力，没有日趋完善的风险防控措施，要以年平均超过100%的速度发展到这样的市场规模是很难想象的。经

过近十年的发展，国内网络支付机构在安全方面的投入规模非常大，网上支付的安全技术不断完善，包括Usbkey、动态口令、证书、钓鱼网站的实时拦截等具体措施也已经广泛应用。

其次，市场主体风险可控，行业整体风险可控。自2011年以来，80余家机构获得网络支付业务许可证，市场主体在享受"牌照红利"的同时，其业务规范程度大大提高；支付宝、财付通、银联在线、快钱等网络支付各领域市场份额领先的主流支付机构的风险防范意识及风险管理水平不断提高。《2012年中国网络支付安全状况报告》显示：我国网络支付整体安全使用状况较好，9.3%的网上支付用户认为网上支付非常安全，69.4%的网上支付用户认为网上支付比较安全，还有16%的网上支付用户认为网上支付的安全水平一般，仅5.3%的网上支付用户感觉网上支付不太安全或非常不安全。

第三，政府行业监管力度不断加强，明显推动了网络支付行业的健康规范发展。2号令及其配套实施细则的出台，划定了网络支付机构规范发展的总体框架，明确了非金融支付行业的地位及业务属性，设立了行业的准入门槛，从备付金安全、实名制规范、反洗钱与反恐怖融资、支付风险管理、用户权益保护等方面提出了监管要求。中国支付清算协会成立近两年来，在行业自律、机构合规性检查以及行业研究方面开展了大量工作。同时，网络支付机构作为高新技术企业的代表，各地方政府对网络支付机构的关注和支持力度也明显提升。

第四，网络支付安全的强化趋势仍在继续。随着网络的日益普及，网上银行以及电子商务的广泛应用，网络支付安全日益受到重视，在外部的压力和关注下，网络支付参与各方强化网络支付安全的步伐不会停滞。2008年次贷危机后，政府监管部门对金融消费者权益保护和消费

第三章 中国网络支付安全的现状与治理建议

者教育的重视程度不断提高,未来改善网络支付安全的外部环境呈现总体向好趋势。

第五,更为科学、合理的网络支付风险防范的观念正在形成。两个平衡的风险防范观念正不断深入到网络支付机构提升支付安全的具体实践中。一个是安全效率平衡,越来越多的网络支付机构已经认识到安全是生命线,效率是成长线。安全与效率的平衡是网络支付行业持续发展的主旋律;另一个是风险收益平衡。通过承担风险获得收益但是能覆盖成本,这就是风险收益平衡的概念。正如对银行而言,零不良率不一定是最好的。对于网络支付机构而言,设定一定比例下的风险容忍度,有助于获得正收益,进而增强其抵御风险的能力。两个平衡的理念与不断发展着的、具体的网络支付业务模式和风险控制手段正在不断融合并共同构成一个更高层次、更高水准的风险防控体系。

(二)网络支付安全只要提前重视、规范和提前筹划,风险可控

第一,要高度重视互联网欺诈与网络环境安全风险对网络支付行业发展环境的影响。外部欺诈以及网络环境潜在的风险仍将是未来较长一个时期内,影响广大网络支付用户安全感受的最重要因素。欧央行在其《互联网支付安全建议》中强调,当前监管者、立法者、支付服务提供者以及社会公众的感觉是,通过互联网进行支付,遭受欺诈的概率要高于传统支付方式。从用户的网络支付安全更多是一种"主观感受"的角度来看,尽管目前国内网络支付欺诈的平均盗卡率在0.01%(主流的支付机构风险水平更低),已经优于国际网络支付欺诈平均1%~2%的盗卡率,也优于国际领先的支付企业PayPal的0.27%的网上支付买家拒付比例。但是,在未来可能出现的网络环境恶化或互联网欺诈典

型、重大事件影响下，特别是在部分媒体对此类事件过度宣传的情况下，将对网络支付安全产生很大的影响，甚至进而影响用户对网络支付的基本信心。这对整个行业的健康发展无疑是很不利的。

第二，产业主链上的安全防范水平参差不齐，网络支付安全可能受"木桶效应"影响。按照"木桶理论"或"木桶效应"，网络支付安全的决定性因素是整个产业链上的"最短板"。而在网络支付产业主链上，从银行端到网络支付机构再到用户，内部的风险管理、安全防范水平以及风险防范意识呈现出一个逐渐降低的趋势，网络支付安全的提高需要尽快补长"最短板"。此外，在网络支付服务提供主体中，部分中小网络支付机构的安全投入有待提高；中小网络支付机构发生的不安全事件，特别是因基础设施投入不足导致的影响业务连续性问题，同样会对整个行业产生很大的消极和负面影响。

第三，整体产业链上的安全防范合作力度有待加强、规范和引导。这是全面、深入提升网络支付安全水平的当务之急。目前，网络支付各相关参与者的安全联防协作程度有待提高；高风险的用户、用户、IP地址等黑名单共享方面有待加强；网络支付机构比较看重安全技术手段，忽视用户安全教育，用户的安全防范意识不够。此外，网络支付和电子商务整体的行业基础设施、法制环境、用户权益保护等配套外部环境也需要整个产业链的共识与努力。

第四，重视和规范网络支付服务主要提供者的市场竞合。在网络支付安全领域，各参与者之间的行为彼此影响、彼此渗透，共同决定着网络支付安全的整体水平。虽然目前网络支付机构在全社会资金转移业务中的占比还很低，但客观上对银行的电子化服务提出了更高的标准，一些银行开始日益重视电商、金融平台的建设。银行与支付企业之间有合作,也有竞争。网络支付机构直接面向中小企业和个人用户提供服务,在金融服务的创新及用户服务的体验方面比商业银行有优势;银行在全金融牌照、品牌和人力资源以及风控能力方面的优势同样是其推动网络支付发展的重要潜在优势。与 2012 年工行总行叫停拉卡拉,切断其支付通道这类竞合行为相比,未来更需要理性的、建设性的竞合关系,而利用优势地位遏制潜在竞争对手的行为从微观上也许无可厚非,但宏观上不利于行业的整体效率提升。另一方面,"一拍两散"、"损人不利己"的非理性竞合关系会明显增强网络支付市场的不确定性,进而影响用户的网络支付安全感受。

第五,在网络跨境支付逐渐兴起的情况下,需要考虑网络支付安全前瞻性问题。网络跨境支付发展到一定阶段后,游戏规则及安全要求发生了变化。要从前瞻性的角度,关注网络支付安全对网络支付行业国际竞争力的影响。一方面是国际互联网、银行卡支付机构和组织之间的安全合作;另一方面则是需要参考华为、中兴这些中国的 IT 企业被美国众议院情报委员会认定为可能会威胁美国国家通讯安全的案例,考虑未来具有国际竞争力的网络支付机构是否会遇到及如何避免这些问题,这也关乎中国的互联网支付企业的国际竞争力。

三、近期中国网络支付安全的努力方向和发展趋势

面对网络支付活动中的违法违规交易、网络支付机构的内部管理缺失、网络环境中的外部欺诈以及外部配套环境有待改善的现实条件,网络支付参与各方在近期提升中国网络支付安全水平的努力方向和发展趋势如下所述。

（一）努力方向

（1）对网络支付机构而言，要在继续保持平稳较快发展的同时，强化自身的系统安全运行和业务风险控制能力，从基础设施、业务管理、风险控制、资本风险覆盖以及产业链安全合作等具体领域，确保网络支付的安全和稳定运行。

（2）对政府监管部门而言，其努力重点应当是营造网络支付安全、稳定发展的各类外部环境和配套机制。包括但不限于：建立健全网络违法犯罪活动的预防、侦测和处理机制，加大打击网络犯罪的力度，增强跨境网络犯罪的国际合作防控力度；强化与网络支付相关的用户安全教育、权益保护工作，维护整个支付系统的公信度，避免低效率支付工具的回潮；消除在法律环境、市场主体竞合关系等方面影响网络支付市场发展的各类不确定性因素，维护整个网络支付市场的稳定。

（3）对广大的网络支付用户而言，要从"被动适用"网络支付安全条件向"主观能动"地参与网络支付安全建设方向发展。这是因为网络经济中每个人的知情权、参与权、表达权、监督权都与传统经济不同，与传统经济中的制度规则相比，网络经济中的制度规则具有一种自我、主动、创造性完善的特点。发挥和利用网络支付中用户体验、支付习惯、多元化支付需求，丰富和发展网络支付服务的重要作用，广大的网络支付用户应当更积极地参与到提升自身安全意识、完善安全防范手段、维护自身合法权益的活动中来。

（二）发展趋势

中国的网络支付在经历了十余年的高速发展后，在中国经济进一步发展转型、消费文化和支付习惯的嬗变、以网络技术为核心的技术进步

第三章 中国网络支付安全的现状与治理建议

以及法规监管环境不断健全等多种因素的推动下,有望继续维持高速增长态势。而随着网络支付市场规模的"井喷式"增长,网络支付安全的重要性将日益凸显。在网络支付产业链各方的共同努力下,网络支付安全防控与治理中初见端倪的趋势主要如下。

(1) 随着强化网络支付风险防控合作机制的重要性逐渐成为各参与方的共识,典型风险的单点式治理将向多个参与者合作的链条式、环节式方向转变,网络支付的安全合作水平将不断提高。

(2) 主流网络支付机构的内部管理、风险控制能力将不断提高,其风险管理水平有望进一步提升。这是由网络支付机构面临的内外部环境所决定的。一方面则是随着网络支付业务规模的增大,网络支付机构的风险管理理念和内部控制力度必须相应增强;另一方面,随着行业监管工作的重点从市场准入向日常监管转变,主流网络支付机构因关注度高,必须在风险治理、内控管理方面进一步加大投入。

(3) 随着支付活动在经济活动中的基础性逐渐被充分认知,监管部门在用户安全教育和权益保护方面的投入将越来越大。从中国人民银行于2004年组织开展的"银行卡之春"的宣传活动,到2009年在全国范围内组织开展农村支付环境建设工作的历史轨迹来看,监管部门、行业主体共同推动网络支付安全教育的宣传普及时点也即将到来。

第二节 中国网络支付风险的针对性治理

第二章中从支付行为基本要素和各参与者视角,对可能影响网络支付安全与效率的 20 余种风险因素进行了尽可能全面的、理论和逻辑上的分析,本节将在结合现实对各类风险因素进行重要性判断的基础上,针对性地提出网络支付机构和政府监管部门这两个重要参与者开展网络支付风险治理的主要建议。

一、网络支付各类风险因素的现实分析、简要判断与针对性措施

如前所述,在特定时间、特定条件构成的现实环境下,20 余种风险因素不可能同时影响网络支付安全与效率,网络支付机构和行业的健康发展需要结合实际,对不同的风险因素采取不同力度、不同进度的防控和治理手段。因此在提及网络支付风险因素的治理时,首要的任务是结合现实条件对网络支付各类风险因素进行分析与判断。为了叙述的方便和直观,课题组以表格形式对网络支付各类风险因素进行了现实分析和简要判断,并立足操作性提出了典型防控措施。详见表 3-1。

第三章　中国网络支付安全的现状与治理建议

表 3-1　　　中国网络支付风险因素的现实分析一览表
（网络支付机构和政府监管部门视角）

风险因素	风险程度和防治难度简析	判断理由	典型防控措施
未严格落实账户实名制而导致的整体环境恶化风险	风险可控，但需持续关注；防治难度趋小	网络支付实名制的基本规则已经建立；属于长期基础性工作；存在网络支付机构违规风险	服务机构在建立服务关系中要突出实名制的流程控制及规范；监管机构要进行必要的测试与检查
与沉淀资金相关的流动性风险、信用风险和道德风险	风险可控，但需持续关注；防治难度趋小	2号令中明确了备付金的管理原则；属于长期基础性工作；存在网络支付机构违规风险	网络支付机构的严格自律和建立健全类银行的风控措施；监管机构要细化规则落实监测，防漏补缺
虚拟的货币发行和融资授信影响、冲击货币信贷政策的风险	暂无明显影响，非当前防控重点，但未来需要考虑；防治难度将逐渐显现	虚拟货币与法定货币之间的单向、等额兑换规则已明确；网络支付服务机构的融资授信规模相比其他金融行业还极小	服务机构要有自主、严格的约束机制；监管机构要逐步建立、健全虚拟货币发行与网络支付机构融资授信的监测统计制度
不同网络支付机构间的支付指令生成机制通用化程度低，影响了网络支付的效率	暂无明显影响，非当前防控重点，但未来需要考虑；防治难度较小，可采取更高效的多方清结算安排疏导	尚无明确的禁止性、受控性规则；用户对类似服务的需求尚未大量涌现；中央银行的网上支付跨行清算系统可解决该问题	网络支付服务机构的"合纵连横"要谨慎；监管机构应根据用户需求，考虑网络支付机构接入网上支付跨行清算系统的制度、技术安排
支付指令生成机制中潜在的安全漏洞威胁着网络支付的安全	高度关注；防治难度较高，需长期、动态跟踪和及时完善安全措施	是安全与效率平衡的重要节点，且风险暴露受技术因素影响较大，不确定性高	服务机构可结合技术进步因素建立自检攻击机制和应急处置机制；监管机构应加强安全指导和风险提示

续表

风险因素	风险程度和防治难度简析	判断理由	典型防控措施
银行卡自身安全对网络支付安全的潜在影响	风险可控；防治难度较小，并非网络支付领域特有，相关防治措施陆续推进中	当前国内网络支付盗卡率较低；未来金融IC卡推广有利于抑制该风险；银行卡犯罪打击力度较强	服务机构应加强对某些用途（如奢侈品、贵金属、及虚拟类物品）集中性大额消费的监控，并提升银行卡挂失的处理效率；监管机构进一步推动金融IC卡的应用普及
与网络渠道相关的信息传输安全风险	高度关注；防治难度较高，因外部网络环境限制，自主余地及作用相对较小	风险暴露受技术因素影响较大，不确定性高	服务机构可结合技术进步因素建立自检攻击机制和应急处置机制；监管机构应加强安全指导和风险提示
源自网络渠道的外部欺诈风险	高度关注；防治难度高，需产业链各方共同推进，但难以根除	现有安全事件的主要类型，用户直接损失和各类间接损失均有体现	服务机构应加强服务对象的安全教育；监管机构应加大网络违法犯罪活动打击力度，强化用户安全教育广度与深度，加强舆情监测并及时发布风险提示
日益普及的网络支付仍缺少具体业务规则	暂无影响	网络支付服务形式多样，具体规则制定难度大；相关办法已在制定过程中	监管机构尽快出台《支付机构互联网支付业务管理办法》
相关清算、结算安排缺少足够的透明度	暂无影响，但缺少硬约束，一定程度上影响服务质量提高	以服务协议明确的清算、结算安排能保证用户知情权，但缺少足够的参考信息，用户居于不利地位	监管机构可考虑就约期结算、到账时间等进行最低限的原则性安排

第三章 中国网络支付安全的现状与治理建议

续表

风险因素	风险程度和防治难度简析	判断理由	典型防控措施
交易流程风险：内部欺诈、用户、产品和业务活动的安全、业务中断、流程管理	高度关注，防控难度较高，但网络服务机构的主动性较强	现有安全事件的主要类型，用户直接损失和各类间接损失均有体现	服务机构应加强服务对象的安全教育，健全本单位的应急和危机处置机制；监管机构要关注服务机构基础设施和内部管理的完备性
不可抗力风险：灾难性事件或其他事件	暂无影响	不可抗力风险无法事先防范	服务机构要完善灾难备份，建立快速的业务恢复机制；监管机构需考虑建立支付体系的国家储备应灾机制
技术风险：硬件瘫痪、软件漏洞、设备故障、程序错误、计算机病毒、网络中断等	高度关注，防控难度较高，但网络服务机构的主动性较强	技术风险的不确定性；对服务连续性的影响巨大；可能产生的间接影响难以事先估量	服务机构要建立高效的故障处置机制、周密的业务应急预案以及合理的事故善后策略；监管机构需要加强监督管理
伴生信用风险：交易双方无法履约	无直接影响	增加网络支付机构的运营和征信成本	取决于交易双方且受多因素影响，除失信惩戒机制外缺少其他直接、有效的方法
直接信用风险：授信、融资对象无力偿付	暂无影响；防控难度趋高，但非当前防控重点，未来仍需关注	网络支付服务机构的融资授信规模相比其他金融行业还极小	支付机构应参考借鉴银行经验，建立类银行的内部风控机制；服务机构要完善基于支付信息大数据分析条件下的融资授信决策机制；监管机构需考虑对网络借贷行为的规范管理

续表

风险因素	风险程度和防治难度简析	判断理由	典型防控措施
包括用户、供应商、潜在新进入者及行业内现有竞争者四方面的竞争风险	高度关注；防控难度较高，主要是对不正当和恶意竞争的防范	金融企业、互联网企业均有拓展网络支付服务的动机，市场参与各方的综合影响决定网络支付服务的安全与效率	服务机构应增强对市场风险的把控能力，在市场竞争中强调对安全与效率的追求；监管机构需评估市场各方行为的"正能量"，维护正常的市场竞争秩序
因网络支付机构内部管理原因造成的侵害参与者信息安全的风险	高度关注；防控难度高，涉及人员、技术、机制等多重管理	信息安全日益重要；信息买卖利益链条等外部环境的影响与威胁总体趋大；创新增值服务可能损害信息安全	服务机构须尽快完善配套的人员管理、技术控制和数据信息安全利用机制；监管机构应加大对信息安全事件的处罚、监管力度
监管政策变动会给网络支付机构的产品结构、业务模式甚至企业战略带来影响	持续关注；防控难点较小，目前主要聚焦于移动支付等新兴业务领域的政策框架	互联网支付领域暂无监管政策大幅变动的预期；但移动支付服务规则的建立和变动已逐渐接近	支付机构需要注重创新业务拓展中的换位思考；服务机构与监管机构的常态化政策沟通与交流；监管机构需着力保持政策的连贯性，消除各种政策环境的不确定因素
新兴的网络支付行业是典型的反洗钱薄弱环节，更容易成为洗钱、信用卡套现、恐怖融资等的集散地	持续关注；防控难度较高，关键在于实名制、可疑交易报告的落实和产业链各方的合力监控	洗钱等犯罪活动利用网络支付渠道的可能性增大；支付机构的反洗钱实践经验仍在不断完善；跨境支付活动发展进一步增大洗钱风险	服务机构在建立服务关系中要突出实名制的流程控制及规范；建立可动态完善的可疑交易监测模型；监管机构要防止网络环境下，洗钱、信用卡套现等违法犯罪活动的规模化、普遍化

第三章 中国网络支付安全的现状与治理建议

续表

风险因素	风险程度和防治难度简析	判断理由	典型防控措施
黄赌毒、政治类、危险品类商品的交易风险	持续关注；防控难度较高，缺少多部门配合的长效监测、机制	网络活动的隐蔽性；行动式的打击形式难以根除此类活动	服务机构要强化服务对象的管理；监管机构要建立灵活、高效的协作机制
业务创新带来的服务滥用、业务系统安全以及创新增值服务合规性界定等问题	持续关注；防控难度较高，需要原则性基础上的灵活性与动态跟踪	业务创新与合规监管的矛盾伴随着网络支付发展的全过程	服务机构与监管机构的常态化政策沟通与交流；监管部门可试行分级管理，对合规表率的网络支付机构，给予在业务发展、创新方面"先行先试"的政策支持
支付体系负外部性导致的系统性风险	暂无影响；但防治难度趋大	现有风险防控体系下，系统性风险概率极小，对物价和金融稳定等宏观经济因素有影响	服务机构和监管部门需要深入研究网络支付对经济波动、经济金融风险扩散的影响
配套法规的完善程度	持续关注；治理难度较大，短期内出台法律的可能性小，但不同部门规章之间的协调性差	法律环境是最重要的外部配套环境之一；互联网与支付行为双重特性下的独特法律需求及面临的"多方监管"实际情况	支付机构需要增强适应和改变外部法律环境的主观能动性；监管部门之间需要增强制度协调性，形成合力
牌照续展必须有终止其经营和服务的合理安排；要避免不利于市场竞争的网络支付机构兼并、重组	持续关注；治理难度较高，关注度需提升，且缺少充分的实践经验	潜藏行业壁垒和"大而不倒"等影响市场竞争和服务提升的影响因素	服务机构要完善业务终止、接管、转让的配套机制；监管机构要评估对市场有重大影响的兼并、重组行为；着手考虑牌照续展的配套要求及具体实施

续表

风险因素	风险程度和防治难度简析	判断理由	典型防控措施
消费者安全教育和消费者权益保护	高度关注；治理难度较高，行动相对容易但实际效果需长期方可体现	外部环境营造的重要内容；是网络支付安全与效率提升的最广泛基础	增强主动性，建立监管部门牵头、产业链各方参与者的长效机制

风险程度和防治难度的简要说明：

（1）根据风险影响并结合当前防治力度，表3-1中的"风险程度"大致划分为高度关注、继续（持续）关注、暂无影响等三个级次。其中：高度关注是指对网络支付安全和效率有重大影响，且需进一步加强风险治理的重点风险因素；继续（持续）关注是指对网络支付安全和效率需至少维持目前防控力度与强度的风险因素；暂无（直接）影响是指对当前网络支付安全和效率并不构成重大影响和威胁的风险因素。

（2）根据防治工作的现状及未来重点，表3-1中的"防治难度"也大致划分为高、较高、较小等三个级次。

二、当前中国网络支付风险治理的重点领域和措施综述

（一）风险治理重点领域综述

根据上述网络支付各类风险因素现实分析与判断的情况，不难看出当前中国网络支付风险治理的三个重点领域。

一是以政府监管部门为主要推动力的外部环境营造。该领域风险治

第三章 中国网络支付安全的现状与治理建议

理主要针对合规风险、系统性风险和消费者权益保护，主要目的是净化网络环境、强化用户安全和完善与网络支付安全防控配套的各类机制，为网络支付的健康规范发展提供良好的生态环境。

二是以网络支付服务机构为主的风险防治、内控机制完善。该领域风险治理主要是增强网络支付机构的风险防控能力，特别是在自身具有主动性的运营风险、技术风险、信息安全等方面，主要目的是在网络支付的整个产业链中，通过重点参与者"练好内功"，培育与提高网络支付机构的风险防控能力以把握、控制和降低整个产业链面临的各类现实和潜在风险。

三是以产业链合作为主的风险防控能力提升。该领域风险治理主要针对外部欺诈、市场风险、违法违规交易、消费者教育等四个具体方面，其主要目的是化解产业链共同面临的各类风险因素。

（二）风险治理措施综述

通过对表3-1中各类典型防控措施的归纳分析，可以进一步明确风险治理措施的三个基本思路。

1. 通过技术创新解决安全问题

在电子商务产业链成本收入比的公式中，用户交易成本和风险损失并不是单纯的负相关关系，通过安全技术创新可以在不提高用户交易成本情况下降低风险损失。技术创新可以通过意想不到的数据指标验证人的身份。快捷支付方式的创新缩短了网络支付验证步骤流程，减少了木马钓鱼的风险；搜索技术和智能监控系统的创新，能够更快速的发现风险并及时进行处理；安全技术创新还可以降低门槛，让更多处于城市边缘的农民工和边远山区的消费者能够在网上放心购物。

从未来支付安全的技术趋势来看，第一是智能的实时防控系统。由机器完成的通过相应规则对交易进行实时筛查的监控系统，通过数据分析、挖掘等建立一整套规则体系来捕捉异常的或者有风险的操作账户。系统初步筛查，配合人工核查，最终锁定风险交易，控制风险账户，从事后响应转为事中响应，从而提高风险防控效率。第二是大数据在安全方面的应用，体现了信息间的协同。互联网技术提供了这个可能性，通过手机、电话等大量的行为状态记录，存储到云端服务器，将来可以通过对人的行为的连续性进行综合分析，而不仅仅是通过密码和密钥来分析。

2. 加强以安全合作为主的机制创新

用户的信息和安全技术分散在产业链的不同环节中，应该鼓励用户信息较多和安全技术水平高的企业以市场化的方式输出安全管理能力，加强产业链合作。政府应该鼓励产业链的合作，鼓励安全技术创新，鼓励银行和支付机构的合作，使用新技术帮助城市的弱势群体，使农村地区和边远山区的消费者也能够享受到便捷安全的支付服务。

3. 深化与强化政府监管与服务责任

政府监管部门承担外部环境的"清道夫"责任，承担用户安全教育与权益保护这一根本性问题的"兜底"责任，关注并解决影响未来网络支付市场发展和安全的重大问题。如支付体系的国家储备应灾应急机制，行业垄断与市场壁垒、移动支付与跨境支付发展以及改变市场结构与关系的其他重大问题（如商业银行已经可以设立基金公司，未来是否可以设立网络支付机构。换言之，在大的金融控股集团架构下，商业银行是否存在收购、兼并网络支付机构的可能性）。

第三章 中国网络支付安全的现状与治理建议

三、中国网络支付风险治理的宏观视角

（一）树立宏观视角的必要性

从现实情况来看，网络支付持牌机构数量多、个体差异性大，内部经营管理水平参差不齐，战略发展方向差异明显，而且不同的商业银行、网络支付机构在不同的利益诉求、市场地位、自身特点等特定条件下，会选择不同的发展战略和经营策略。因此，谈论该问题必须剔除商业银行和网络支付机构之间的个体差异。因为很难有一项对策能够同时满足两个行业所有个体的需要。但从宏观或者行业整体性角度，就比较容易寻找到同时满足两个行业健康发展的公因式。

（二）网络支付风险治理的共同目标

从整体上来看，网络支付行业的健康发展必须围绕安全与高效的核心目标。《国民经济和社会发展第十二个五年规划纲要》指出，要全面推动金融改革、开放和发展，构建组织多元、服务高效、监管审慎、风险可控的金融体系，不断增强金融市场功能，维持金融市场的稳定发展。按照纲要的精神，可以说，商业银行和网络支付机构等产业链各方的共同目标应当是"以支付为基础的金融服务的安全与高效"。

（三）促进网络支付健康发展的基本原则

1. 网络支付安全和效率的兼顾平衡是推动网络支付发展的基本导向

网络支付业务具有互联网和金融的双重特征。金融特征就是指这些公司有自己的虚拟账户，可以沉淀和流转资金，管理要求很高，容错率

很低，100%风险备付，没有杠杆；互联网特征指所处的产业以及提供的服务都是在互联网上进行的，必须符合互联网的产业特点、规模要求、分工协同要求以及市场效应要求，等等。这种双重特征使网络支付面临着安全与效率目标的双重追求。

效率和安全的兼顾平衡是网络支付发展的核心目标，过于关注安全会大幅度降低企业的经营效率，给消费者带来不便；忽略了安全同样会给商户、用户、支付企业带来损失。亚洲地区人口稠密、信用体系不太健全，安全投入相应较多，风险控制技术创新也比较领先，适当地允许一定的风险水平，有助于激励企业向风险纵深处探索、创新，研发更加有效的新型安全技术。

在平衡网络支付安全和效率方面需要注意的是，风险控制不能牺牲效率和用户体验。电子商务产业链很长，整个产业链必须高效率配合、分工合作，才能扩大市场、分享利润。电子商务产业链的效率可以用成本收入比来衡量，用户交易成本是非常关键的变量，传统的金融机构通过增加交易成本减少风险损失，同时降低了交易成功率。如果牺牲效率换来了安全，网络服务机构产业链上的收入无法覆盖成本，很快就会在竞争中被淘汰。

2. 鼓励和维护有序竞争与深入合作的行业发展基调

网络支付安全是整个市场规范发展、市场参与者有序竞争的内在需要。目前，网络支付机构与商业银行之间的综合性、多样化的复杂关系是以竞争与合作为主线的。围绕安全与效率的核心目标，政府监管部门要积极推动商业银行和网络支付机构强化在网络支付安全方面的合作，在鼓励商业银行与网络支付机构共同开展网络商户和消费者安全教育的同时，要尽快研究涵盖整个网络支付产业链的安全合作机制，推动诸如

第三章 中国网络支付安全的现状与治理建议

安全技术、反欺诈、反洗钱、防钓鱼、"黑名单"共享等具体措施的落实。

在网络支付效率的提高方面，政府监管部门要深化网络支付领域共同遵循统一标准的对称监管和有序竞争的游戏规则；推动商业银行和网络支付机构在电子商务融资、数据挖掘、交叉营销和移动金融等方面开展深入合作，促进彼此商业模式的创新和融合，取长补短，共同构筑高效、平衡、健康的电子商务和互联网金融生态圈。在这一合作过程中，商业银行和网络支付机构都需要认真辨别，寻找具有相似经营理念、共同发展目标、较强内控能力的合作伙伴，探索建立双赢合作模式。

3. 坚持创新驱动，围绕消费金融服务需求、人民币国际化等宏观经济战略，提升网络支付行业的服务能力

创新是网络支付行业满足市场需求，不断提升服务能力的原动力。今后一段时期我国在宏观经济金融稳步发展的基础上，将更加突出扩大内需特别是消费需求，突出保障和民生，消费金融服务将无处不在。面对这种新情况和新变化，政府监管部门要鼓励商业银行和网络支付机构立足全局，抓住机遇，加强战略谋划，增强应对能力，加大与宏观经济战略相关的全场景的支付产品与服务的开发与应用，挖掘相关增值服务，通过创新驱动实现有序健康发展。

第三节　中国网络支付安全与效率的动态分析
——服务提供者视角

中国网络支付服务的主要提供者是新兴的网络支付机构和传统支付结算中介的商业银行。网络支付的安全与效率是两者共同追逐的"目标"和"猎物"。过去十几年中，新兴网络支付机构无疑站在网络支付服务领域的"台前"，其从无到有、从小到大的发展历程，与商业银行在网络支付服务中处于"中后台"的处境形成了鲜明的对比。本节将通过探讨两个主要服务提供者之间的关系，动态分析影响未来中国网络支付安全与效率的"供给"因素。

一、网络支付机构和商业银行之间综合性、多样化的关系

总体来看，在网络技术和电子商务快速发展的大背景下，网络支付行业服务功能和服务范围不断深化，该行业与商业银行的业务交叉、功能替代也处于动态发展的趋势中。从过去十多年网络支付行业的发展实践来看，该行业与商业银行之间的关系日趋复杂，从不同角度来看，存在着竞争合作（业务关系角度）、融合渗透（商业模式角度）、博弈互

动（竞争反应）、补充替代（发展态势）等多种类型的相互关系。在科技引领综合金融的大趋势下，这种综合性、多样化的复杂关系还将长期存在。

（1）网络支付安全是两个产业深化合作的重要领域。在网络支付安全方面，网络支付行业与商业银行（包括银联）的利益诉求是一致的，支付服务的安全控制、风险管理等是未来合作的重要领域。具体合作事项包括安全技术、反欺诈、反洗钱、防钓鱼、"黑名单"共享，等等。但这种合力的形成还面临着各种配套机制"由谁主导"的现实问题，在这个问题上政府监管部门的推动应当是有效的。

（2）两者之间的竞争关系目前主要反映在网络支付行业对商业银行零售业务以及支付结算类中间业务发展的影响上，而且这种影响还将持续、深入、强化。目前，网络支付行业影响到的零售业务主要包括信用卡业务、个人信贷业务、代收代付业务（公用事业费、保险、考试等费用），以及与财资管理相关的流动资金管理解决方案、基金网销、应收账款融资中介和保理服务，等等。全球管理咨询公司麦肯锡在2012年3月发布的《中国零售银行业的新纪元》报告中指出，未来十年中国零售银行业将由高净值和富裕用户群引领，财富管理产品、非按揭消费金融产品和小微企业贷款三大引擎推动。而随着网络支付行业创新力度的加强（阿里小微金融服务集团、已经试水一段时间的小微企业信用贷款是网络支付行业与生俱来的创新基因的"典型代表"），这"三大引擎"在未来十年都将面临网络支付行业的强力竞争。同时，如果十年后中国千万富翁的平均年龄仍然维持在40岁上下的话，这些今天30岁左右的未来高净值和富裕用户可能更倾向于选择网络支付行业提供的多元化、个性化服务，更看重信息化、电子化服务对节约时间成本和降低交易费用的独特作用。

（3）在商业（服务）模式角度来看，更加贴近市场需求和消费者的网络支付行业是推动新兴、灵活、多样的商业模式不断影响、改变传统商业模式的"引领力量"。在商业模式上的融合渗透方面，较典型的例子是，阿里巴巴和建行的小微企业贷款合作计划"变冷"后，建行从 2010 年下半年启动研究并高调推出的"善融商务"电商金融服务平台。对建行而言这是"攻守兼备"的一步（攻，是在银行业内抢占有电商信贷需求的用户；守，则是针对网络支付公司对银行业务的侵蚀），但却是我国银行业开展银行电子商务化运营的标志性事件。另外，农业银行为了满足各类不同的用户群体和应用场景，率先推出了全新的掌上银行，涵盖了浏览器系列、用户端系列、短信系列、智芯系列等全系列移动金融产品体系，这一创新在很大程度上也是受到了网络支付行业致力于全场景支付和增值服务创新的影响。

（4）在网络支付行业与商业银行竞争合作、融合渗透的过程中，两个行业之间的谋变与应变是双方博弈互动的主要内容。上述商业（服务）模式领域融合渗透的两个例子同时也反映了两个行业之间的博弈互动，双方都在"谋变的过程中应变"，同时也在"应变的过程中谋变"。诚然，这种博弈互动的竞争反应往往表现为：网络支付行业"出招"，商业银行"接招"。现实中网络支付行业的灵活创新与延伸服务，不断地"倒逼"商业银行做出相应的改变。

（5）在与商业银行业务交叉的很多领域，网络支付行业正在从目前的有益补充逐步向部分替代迈进；而且从未来发展态势来看，如果网络支付机构继续占据网络金融时代节约交易时间和成本的巨大优势，那

第三章 中国网络支付安全的现状与治理建议

么随着时间的推移，在特定领域、特定行业出现对商业银行服务的绝对替代也并非不可能。

二、网络支付机构对商业银行的潜在影响和竞争优劣势

（一）网络支付机构的竞争对商业银行的潜在影响

1. 增加了商业银行维护存量、拓展潜在用户的难度

在网络购物领域，国内市场份额领先的网络支付机构通常采用捆绑模式（如支付宝捆绑淘宝与天猫商城，财付通捆绑拍拍与 QQ 网购等）。通过捆绑集团的电商平台一方面有助于保证交易量，另一方面则增加了用户黏性，导致如今在网络购物领域，商业银行已经沦为支付的"第二选择"。艾瑞咨询发布的《2011~2012 年中国互联网支付用户行为研究报告》显示，有 46.7% 的互联网支付用户使用快捷支付，而同期，通过网络支付跳转网银进行支付的用户仅有 41.7%。在大量网络支付通过网络支付机构转接的情况下，商业银行只知道用户的支付数据，却不知道具体交易数据，也使得原本习惯独享用户资源的商业银行无法按照传统模式去维护和拓展用户。

2. 冲击商业银行存贷款业务

在存款方面，虚拟账户模式下网络支付机构沉淀的大量资金成为商业银行争夺存款的重要领域，但其话语权掌握在网络支付机构手中。在 2 号令规定网络支付机构只能选择一家备付金存管银行的情况下，网络支付机构的"存款话语权"会在结构上对个别商业银行产生较大的影响，成为网络支付机构影响商业银行合作或者"各个击破"

的"利器"。而随着网络支付机构将业务范围延伸至基金销售，其对银行机构用户存款也将产生分流效应。在贷款方面，国外P2P网络信贷业务已经风生水起，迫使商业银行合作构建支付及网络信贷系统（如美国银行、摩根大通、富国银行间ClearXchange的P2P支付及网络信贷系统），以延缓和阻止网络支付机构对商业银行核心信贷业务的挤占。

3. 减少商业银行中间业务收入

随着利率市场化进程的加速，商业银行利润来源构成中，中间业务收入的占比将逐步提高，中间业务收入对商业银行的重要性不言而喻。但是在网络支付、小额信贷、基金销售等创新型业务领域不断扩张与延伸的情况下，网络支付机构凭借灵活的营销策略、价格优势以及特色化服务吸引了越来越多的零售用户，一定程度上挤压了商业银行获得中间业务收入的市场。

除了对商业银行业务经营方面的影响外，网络支付还对商业银行现有服务边界及运行模式产生着深刻的影响。网络支付的迅猛发展在一定程度上消除了传统银行业务中形成的各类服务壁垒，"冲撞"传统银行服务边界；金融服务信息化代替银行传统物理网点，并且沿着网络银行和互联网金融方向转变已经是大势所趋。

（二）与商业银行相比，网络支付机构的竞争优势

1. 用户黏性

网络支付机构基于支付便利和费率低廉的优势，短时间内聚拢了大量商户，培养了新的支付习惯和服务模式。同时网络支付机构越来越注重行业的精耕细作，致力于提供个性化、量身定做的支付结算综合服务

方案乃至贸易融资便利。这些都是商业银行同质化竞争格局下的用户忠诚度难以比拟的。

2. 基于多元化、个性化服务的商业模式创新优势

与层级庞大、部门化运营的商业银行体系相比，网络支付机构凭借其体制、机制的灵活性，能够提供传统商业银行所不能提供的多元化、个性化服务。这种多元化、个性化的服务更能适应和迎合网络经济自我、主动、创造性完善的特点，网络支付机构实施综合金融服务创新在跟随市场需求、部门协调联动方面明显更有效率。

3. 大数据分析支持下的信用中介功能

阿里金融推出的信用支付业务和阿里小贷业务，都是依据中小企业、商户在线交易的历史数据建立风控模型，确定信用额度的服务产品，凸显了网络支付机构在大数据分析技术支持下的信用中介功能。而银行目前的中小企业贷款还是风险转移模式，需要抵押、担保或质押才能授信，同时也做不到全流程在线，在便捷流程和处理时效上也没有优势。

（三）商业银行的竞争优势

1. 商业银行的品牌、人力及资源优势

具体包括良好的信誉、技术实力、资金实力、抗风险能力以及专业的资金管理、金融服务、流通渠道等方面的优势。

2. 银行的全金融牌照优势

在这一点上银行参与电子商务或者网络金融服务的政策优势是十分明显的，比网络支付机构少了很多不确定性。

3. 商业银行的多重角色及信息优势

商业银行在网络支付领域既是服务提供者，又是网络支付机构备付金管理的参与监管者，也是网络支付机构完成资金结算的桥梁与纽带。这种"多重"角色使得商业银行居于更深入、全面地了解市场信息与动向的有利地位。

4. 商业银行长期形成的巨大用户资源和风险控制能力

这是商业银行参与竞争并实现后发制人的重要潜力，其关键在于商业银行是否能够充分利用海量交易数据并建立与数据分析配套的产品研发、营销服务机制。

除了上述网络支付机构与商业银行自身的主要优（劣）势外，网络支付机构与商业银行在竞争、合作活动中，还拥有话语权相对集中的比较优势，在博弈互动中更容易获取利益。网络支付产业的话语权主要集中在市场份额较大的领军企业中，而商业银行则因为激烈的市场竞争，话语权分散，甚至无法在市场上形成统一的"声音"，在博弈活动中容易处于劣势。

三、网络支付机构和商业银行在网络支付领域的发展方向

（一）网络支付机构的发展方向

对网络支付产业而言，"科学技术是第一生产力"。从实际情况来看，具有较大影响和市场地位的网络支付机构最重要的共同点就是利用现代科技，较好地适应并推动了科技引领综合金融的大趋势。总体上看，网络支付机构的未来发展必须用好"现代科技"带来的推动力，

第三章　中国网络支付安全的现状与治理建议

来不断提升以支付为基础的金融服务的安全和效率。在具体的发展方向上有四个特别需要关注的重点。

（1）技术创新和成果转化能力的培养。技术创新是网络支付产业快速发展的最主要动力，卓越的创新研发能力是网络支付机构的核心竞争力。在未来较长的一段时期内，更好地实现网络支付机构在电子商务活动领域中的信用中介功能，是保证其持续、稳定发展的重要基础。目前，以智能实时防控系统和大数据分析技术为基础的技术创新和成果转化是提升网络支付服务安全和效率的重要基础。

（2）移动支付、跨境支付业务的机遇把握。目前，移动支付、跨境支付已经"浮出水面"，成为市场竞争和发展的新"焦点"。把握移动支付和跨境支付带来的机遇与挑战，是网络支付产业提升服务能级、增强自身竞争力并推动产业同步发展的重要契机。

（3）特定行业的精耕细作与专业化发展。目前，网络支付机构提供的服务逐步由单纯的提供支付结算服务向提供行业解决方案及产业链支付方向发展，渗透包括钢铁、物流、基金、保险等诸多传统领域，在这些传统领域的专业化发展是网络支付机构未来发展的重要内容。在具体服务方式上，个性化的支付结算综合服务方案乃至与企业 ERP 系统全自动处理的模式将成为网络支付机构追求的目标。

（4）线上线下支付业务的融合发展（Online to Offline）。智能手机的普及为网络支付机构打通线上线下资源，实现线上线下支付业务的融合发展提供了可能。过去几年中，支付宝推出了手机支付产品"条码支付"（二维码支付）和代号为"卡宝"的新版支付宝 APP；腾讯旗下的财付通也加强与微信合作，发展微信支付。O2O 模式为互联网支付企业创造更为丰富的全场景支付应用和增值服务提供了宽广的想象空间。可以预见，与支付的生活化应用场景紧密结合的 O2O 模式将不断细化未来的支付产品及服务。

（二）商业银行的发展方向

从网络支付行业诞生以来，"银付竞合"就没有停止过讨论。从过去十年的情况来看，传统商业银行在基于互联网的支付服务创新和用户体验方面明显落后于网络支付机构：商业银行传统的支付结算功能被非金融机构介入，越来越多的银行用户更少地使用"砖头银行"提供的面对面的支付结算服务，转而涌向节约时间和交易成本的网络支付领域。

在网络支付市场快速发展，交易规模迅猛增长的同时，商业银行不断感受着新兴市场力量的挑战，并在经营策略、升级产品、提升服务等方面进行了被动或主动的应对。但从实际情况来看，仅仅是战术层面的调整仍无法扭转商业银行与支付市场新兴需求"渐行渐远"的尴尬局面。因此更重要的是适应信息技术和电子商务蓬勃发展的趋势，在战略上实现银行经营管理的全面转型，完成传统柜台金融向互联网金融的"华丽转身"，推动金融服务的网络化和金融服务增值化。

对商业银行而言，适应支付市场新兴需求的战略转型在具体实践层面，至少要把握四方面的要点。

（1）网上银行的服务形态要向网络银行转型。从 1998 年招行推出"一网通"网上银行服务开始，我国的网上银行服务经历了用户不断增加、业务量迅速增长、服务种类和业务品种不断增多的快速发展时期。工行网站 2002 年还被英国《银行家》杂志评为全球最佳银行网站。但我国的网上银行更多的只是扮演了"先进的渠道"作用，其服务功能

第三章 中国网络支付安全的现状与治理建议

与物理网点并无明显差异,在用户体验、营销渠道、产品研发、经营策略等方面,商业银行的网上银行距离全功能、全流程在线的互联网金融仍有差距。未来,商业银行在互联网产业极其重视的用户体验方面,要以交互设计师的眼光,全面考量品牌形象、产品、服务以及用户付出的金钱成本,时间成本等细节事项;在营销渠道上要努力形成基于电子商务的用户关系管理体系(EC/CRM);在产品研发上,要重新将商业银行定位为金融投资资讯的提供商,稳固银行的信息中介功能;在经营策略上,要掌握电子商务时代由虚拟化运营衍生的各种商机,开发配套的新产品和新市场。

(2)服务内容向网络金融转型。目前,我国商业银行的网上银行产品服务停滞不前、缺乏创新的发展现状与网络支付机构迅猛发展的局面形成了鲜明的对比。这也充分证明,只有将资金流、信息流、物流成功整合于同一电子商务平台上的网络金融才是电子商务活动的核心。未来,商业银行必须适应金融服务的信息化趋势,改变现有的服务模式,学习网络支付机构利用成熟的风险定价模型完成向互联网金融业务的创新。特别是要尽快着手考虑众多对公用户的 B2B 金融解决方案。

(3)服务对象向零售及中小企业用户转型。适应网络银行、网络金融转型的需要,商业银行的服务对象也必须向零售用户转型,在当前零售银行业务的基础上,商业银行要直接介入网络支付链条,扭转仅向网络支付机构提供账户与通道的单向合作局面;要改变依赖网点扩张的传统零售业务发展模式,适应不断变化、个性化与多样化的零售用户需求;要试水基于供应链的中小企业网络业务,抢占网络金融服务市场;要努力打造线上及线下、终端及移动的电子商务平台,努力在零售业务的各个领域为用户提供 3A（ANYTIME，ANYWHERE，ANYWAY）标准的服务。

（4）挖掘竞争优势和发挥竞争潜力，为战略转型提供保障。面对新兴的支付市场需求，商业银行要综合利用自身潜在的资源储备、全金融牌照以及核心用户资源等各种优势，结合移动支付、跨境支付、O2O 等新型支付业务的需要，完善与转型战略配套的机制、体制。

第四章

网络支付机构风险管理架构

互联网的诸多风险呈现高技术、自动化、大规模、传播快等特点，对网络支付机构风险管理体系的严密性、快速反应能力、技术更新能力等都提出了挑战。目前我国大部分网络支付机构还处于从小公司到大公司，从技术核心为内控导向的互联网企业到风险责任意识更强的准金融企业，从股权结构简单的创业企业到结构相对复杂的公众持股公司的成长过程之中，因而亟须在公司治理、内部控制以及应对公众监督等方面参考成熟经验，并根据自身的实际需要建立有效的风险管理架构。

作为传统支付结算服务中介的商业银行在较长的实践过程中建立了较为成熟的风险管理架构，对网络支付机构而言具有较强的借鉴价值。本章旨在借鉴商业银行的风险管理架构和经验，从内外部环境、内控机制、安全技术等方面，探索适合网络支付机构特点和需求的风险管理架构。

第四章 网络支付机构风险管理架构

第一节 网络支付机构风险管理的内外部环境

对于网络支付机构而言,其内部管理和外部监督环境都是其组织实施风险管理的重要影响因素。无论是内部的公司治理,还是外部的政府监管、行业自律或社会舆论,都影响和关系到网络支付机构的经营管理行为。

一、公司治理

(一)公司治理的定义

公司治理(corporate governance)是现代企业制度中最重要的内容之一。狭义的公司治理主要是指公司内部股东、董事、监事及经理层之间的相互合作和制衡的关系,广义的公司治理还包括与利益相关者(如员工、用户和社会公众等)之间的关系。公司作为法人,也就是作为由法律赋予了人格的团体人、实体人,需要有相适应的组织体制和管理机构,使之具有决策能力、管理能力,从而能行使权利并承担责任。

网络支付机构作为公司制法人,其公司治理应当符合一般公司治理的基本原理。除此之外,由于网络支付机构经营性质所具有的备付金托管等传统金融机构的职能，所以其公司治理应当专门针对这些方面做出安排，参考金融机构的内部控制条例进行设计。

（二）公司治理结构

狭义的公司治理结构以法制为基础，按照公司本质属性要求形成，直接关系到公司投资者、决策者、经营者、监督者的基本权利和义务。按照《公司法》的规定，狭义的公司治理结构由四个部分组成：①作为公司权力机构的股东会或者股东大会，由公司股东组成，所体现的是所有者对公司的最终所有权；②董事会，由公司股东大会选举产生，对公司的发展目标和重大经营活动作出决策，维护出资人的权益；③监事会，是公司的监督机构，对公司的财务和董事、经营者的行为发挥监督作用；④总经理，由董事会聘任，是经营者、执行者。《非金融机构支付服务管理办法》（2号令）第八条规定《支付业务许可证》的申请人应当是在中国境内依法设立的有限责任公司或股份制有限公司。因此，对所有的网络支付机构而言，其狭义的公司治理结构都应当遵守《公司法》的规定。

广义的公司治理结构包括与利益相关者（如员工、用户和社会公众等）之间的关系，这样的公司治理结构设计是高层构思的战略在整个企业得以协调实施的方法，受到企业战略、公司经营环境、所使用的技术、人员文化等诸多因素的影响，涉及复杂性、规范性和集权度等不同方面的考量，跨国公司还要考虑其全球协作与当地业务本土化的协调。例如国际支付组织VISA的欧洲区以会员所有制协会作为其公司治理结构，由4500家会员银行所有，并将上市公司VISA.Inc作为一个被授权机构来运行，以充分把握单一欧元区形成的内部支付市场环境所带来的重要机遇。这一组织结构兼顾了欧洲特殊经济情况与全球协作等方面。而在亚太区则以新加坡作为总部，旗下拥有700多家金融机构，负责提供全球领先的支付系统。对秉持不同发展战略、面临不同经营环境的网络支付机构而言，在广义公司治理结构上的考量与最终选择是存在较大差异的，但是对所有的网络支付机构而言，无论是狭义还是广义的公司治理结构都是围绕着公司治理的基本目标而展开的，风险管理自然是"题中应有之义"。

（三）公司治理的基本目标

公司治理结构的各部分之间不仅要有明确分工、相互协调配合，而且还要有效地实现制衡，包括不同层级机构之间的制衡，不同利益主体之间的制衡。公司治理结构要解决涉及公司成败的两个基本问题。

1. 如何保证投资者（股东）的投资回报，即协调股东与企业的利益关系

现代财务管理理论认为，公司存在的目的是为了实现股东财富最大化，这样的目的决定公司治理的过程中不可忽略的两个问题就是协调股东与债权人的关系，以及股东与经营者的关系。股东与债权人的问题表现为因过度投资而导致由债权人来承担超过其获得固定收益的风险，也表现为在经济状况危机时因投资不足导致的无法偿还债务。而股东与经营者的关系是在所有权与经营权分离的情况下，由于股权分散，股东有可能失去控制权，企业被内部人（即管理者）所控制。这时控制了企业的内部人有可能做出违背股东利益的决策，侵犯了股东的利益。这种情况引起投资者不愿投资或股东"用脚表决"的后果，会有损于企业的长期发展。公司治理结构正是要从制度上保证所有者（股东）的控

制与利益。就具体的网络支付机构的治理目标来看，行业内各公司规模大小、管理人员素质以及风险管理水平参差不齐，还有少数个别企业尚在创业企业结构阶段，公司治理还不健全，需要参考金融机构股权结构来加以完善。除股权债券结构合理之外，还要在更高的层次上保证安全运营，涉及的风险点通常有：信用卡套现风险、银行卡盗用风险、信用卡大额支付风控、商户风险与反洗钱，网络支付机构在公司治理上需要着重考虑这些方面。以支付宝公司为例，除了常规上市公司必须设立的董事会、监事会等机构，该网络支付机构还建立了五个层次的安全体系来规避这些风险，从下至上依次是物理安全、系统安全、应用安全、安全产品和运营。

2. 企业内各利益集团的关系协调

这包括对经理层与其他员工的激励，以及对高层管理者的制约。这个问题的解决有助于处理企业各集团的利益关系，又可以避免因高管决策失误给企业造成的不利影响。企业内利益集团关系的协调往往通过分权来实现，现代的分权思想需要考虑企业复杂性、企业规模、企业行业和宏观环境、人力资源政策和企业产品核心技术实现等方面。在协调企业内各利益集团的关系并且监督管理者方面，网络支付机构比较特殊的一面是往往需要建立专门的支付风险监管部门，例如瑞宝支付在董事会下设支付风险管理委员会，专门对公司的信用风险、市场风险和运营风险进行管理。

（四）网络支付机构的公司治理结构模式

网络支付机构作为法人，应当符合公司治理机构模式，这也应当是网络支付机构选择其公司治理模式的根本出发点。以安全与效率为经营管理行为核心要求的网络支付机构，其公司治理模式的选择必须考虑以下因素：①网络支付机构的服务内容，包括支付指令的信息交换和货币资金转移；②网络支付机构的技术基础（依托互联网、移动网络）或者对特定渠道的依赖性；③与复杂多变的市场环境相适应的安全与效率选择或兼顾战略。

根据上述因素，对网络支付机构而言，其组织体制和管理机构的设置不仅需要满足公司法的一般要求，更为重要的是满足三方面的需要。

第一方面是需要根据货币资金转移的服务内容，参照商业银行管理支付风险、履行反洗钱义务的经验，设立专门的负责清算、结算资金管理、操作风险管理、反洗钱合规要求的内控机构。

第二方面则需要结合其依托互联网技术的实际情况，设立技术产品创新、运行维护支撑、信息安全管理等内设部门。

第三方面则是需要根据确定的安全与效率选择战略，通过高规格的风险和效率管理委员会，促进安全与效率选择或兼顾战略的落实，努力实现网络支付服务安全与效率的共赢。

此外，不同规模的网络支付机构公司治理模式选择中需要考虑的差异性因素，网络支付机构规模大小、管理人员素质以及风险管理水平参差不齐，还有少数个别企业呈现出创业企业特点，公司治理还很不健全。尤其对于那些企业出资人与管理者是同一人，缺少董事会监督或董事会形同虚设的企业而言，一旦企业的管理层做出错误决策甚至违法犯罪行为，内部约束往往难以有效实施。这时，各种外部监督就成为仅有的风险管理手段。

纯粹的网站经营公司可以完全按照公司战略来制定公司治理结构，但网络支付机构由于其高技术、互联网等特性，很多出资人无心干预企业经营，实际上很多情况下也无法干预，而且有些小型支付企业的法人和实际经营者是同一个人。这些企业都管理着大量用户用于网络消费的备付金，一旦企业经营者出现盗窃备付金或者挪用备付金进行投资的行为，则企业内部根本就没有相应的机制进行阻止或拉响警报，因此需要设立专门的清结算资金管理部门与支付风险管理部门。另外，国际支付组织如 VISA 和 MasterCard，这些组织明确支付企业的定位仅仅提供标准化的支付技术平台，连接持卡人、商户和金融机构，并不作为发卡机构，不提供贷款。所以在消费备付金的存储上具有业务权限的限制，从业务权限的角度杜绝了企业出现盗窃备付金或者挪用备付金进行投资的行为。这一方式可作为我国网络支付机构公司治理结构模式的参考。

对网络支付机构而言，安全是生命线，效率是竞争力。因此，与其他类型的公司相比，网络支付机构的公司治理结构模式除了必须达到两个基本目标外，更为重要的是还必须适应网络支付机构的经营特点，充分体现网络支付服务的安全与效率深刻地影响着股东与企业之间、企业内部集团之间的利益关系，决定着网络支付机构公司治理模式选择的现实需要。

二、政府监督

（一）监管制度框架正在逐步完善

在《中华人民共和国电子签名法》开辟了电子商务法律监管的先河之后，中国人民银行根据金融监管领域的《中华人民共和国中国人民银行法》和网络安全领域的《中华人民共和国电子签名法》，颁布了《电子支付指引（第一号）》和2号令。2号令颁布实施以来，随着第三

第四章 网络支付机构风险管理架构

方支付机构的快速发展,政府监管政策进一步完善。目前,2号令实施细则、《支付机构反洗钱和反恐怖融资管理办法》《支付机构预付卡业务管理办法》《支付机构客户备付金存管暂行办法》《银行卡收单业务管理办法》已经正式出台,并且在借鉴国际经验的基础上完善了《中华人民共和国反洗钱法》以及相应的《金融机构客户身份识别和客户身份资料及交易记录保存管理办法》。中国人民银行准备出台的其他相关政策规章还包括《支付机构互联网支付业务管理办法》等。这一系列管理办法尽管法律层级相对较低,但已经初步构建了对整个第三方支付业务监管的政策基础框架。

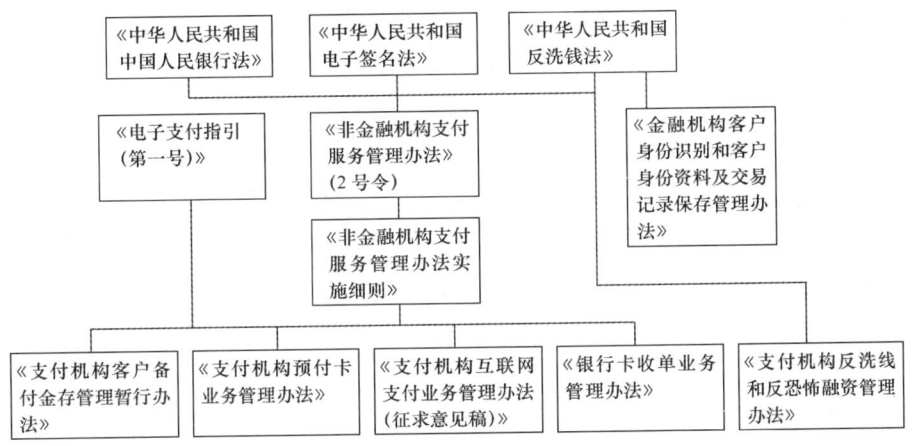

图4-1 网络支付机构的监管政策体系与参考关系

(二) 监管重点正在逐步转向日常业务监管

借鉴国际经验,欧盟模式中,中国人民银行是其网络支付机构准入审核主体,并且其网络支付机构均需在欧央行建立保证金账户;美国主要着力于监管第三方支付的交易过程而非交易机构,其准入审核需要在美国财政部留底,接受联邦和州两级的反洗钱监管,及时汇报可疑交易，记录和保存所有交易；亚洲各国中，韩国以及香港、台湾地区也相继成立监管机构，并颁布相关法规条例。值得一提的是，香港金融管理局采取了行业自律的监管方式，收到了较好的效果。

目前，中国人民银行对第三方支付的监管主要集中在"准入要求"和"业务监管"两个方面。鉴于银行业在我国金融中的重要位置，在定位上我国更适合使用美国模式，将第三方支付平台定位为货币转账企业或是货币服务企业。

另外，结合我国实情借鉴国际经验，中国人民银行作为支付行业主管部门，在日常业务监管方面拥有丰富的经验，在弥补监管空白方面有巨大的价值。中国人民银行结合《中华人民共和国中国人民银行法》《中华人民共和国电子签名法》和《中华人民共和国反洗钱法》制定的《电子支付指引（第一号）》和2号令充分体现了其在网络支付监管方面的监督主体地位，并且在立法日益完善之后，监管重点将逐步转向日常业务监管。近年来，随着集中发放支付牌照的行政许可工作的逐渐减少，中国人民银行对网络支付机构的监管已经从相对集中的市场准入逐步转向常态化的业务监管。2011年以来，中国人民银行及其分支机构陆续搭建了对网络支付机构的现场与非现场检查系统、数据信息报送系统；部分网络支付机构集中的地区建立了备付金监测、重大事项报告、联合维稳、投诉处理、应急处置、舆情监测等配套工作机制。另据了解，2013年中国人民银行组织开展的支付结算执法检查中网络支付机构也首次被统一纳入检查对象，检查重点范围是银行卡收单业务。

（三）监督的方式、手段和内容不断丰富、拓展

除了类似商业银行的现场和非现场监管外，网络支付机构的各类监

第四章 网络支付机构风险管理架构

管主体不断探索实施有效监管的方式、方法。例如，2012年3月6~7日，中国人民银行广州分行主办了首届广东省非金融支付机构同业交流研讨会，会议讨论通过了《广东省非金融支付机构支付业务管理指引》和《广东省非金融支付机构协同共赢发展公约》，融合推进政府指导与行业自律。又如，政府电子商务主管部门、审计部门对网络支付机构的业务经营、财务管理、风险控制进行专项调研活动，并提出相关监管意见。

此外，针对国内网络支付机构在业务规模、管理水平、业务品种、服务对象等方面差异较大的情况，对网络支付机构实施分类监管以及围绕安全性，将网络支付服务机构的业务连续性、应急处置能力作为关注重点等也逐渐被提上政府监督的议事日程。

三、行业自律

对网络支付机构而言，行业自律至少包括两个方面：一方面是依法合规、诚实守信，行业内对国家法律、法规政策的遵守和贯彻，是网络支付机构步入规范发展阶段的重点；另一方面则是面对行业，树立形象，用行规行约制约自己的行为，这将随着网络支付服务行业的发展不断深化。这两方面都包含对行业内成员的监督和保护的机能。

从国际经验来看，许多国家都高度重视支付清算体系的发展和创新，不断完善相关的制度安排，在加强政府监管的同时，注重引入市场主体自我管理、自我约束机制和创新机制，通过行业自律组织推动支付清算市场的创新和良性发展。尤其在发达国家的支付清算体系中，行业协会一直发挥着重要作用。如纽约清算所协会、英国支付清算服务协会、澳大利亚支付清算协会、日本东京银行家协会等。

中国支付清算协会管理的主要对象是取得中国人民银行颁发《支付业务许可证》的非金融机构,该行业的创立与国际接轨,为国内网络支付的行业自律奠基。从行业自律依法合规的要求来看,该协会制定的行业规章成为我国网络支付机构步入规范发展阶段的重点;同时,该协会承担着加强网络支付行业内部联系的职责,也为各个企业维护自身形象建立基础。

四、舆论监督

(一) 网络时代背景下的舆论监督

舆论监督是新闻媒体发布的新闻报道和网友通过网络平台发布的信息。舆论监督的功能在于帮助公众了解企业运行情况,并促使其沿着法制和社会生活公共准则的方向运作的一种社会行为的权利。舆论监督的作用虽然不如法律具有强制性,但它却具有一种精神的、道德的力量。当分散的、个别的议论引起人们普遍关注,经过传播而形成社会舆论时,便代表着众多人的看法和意志,会对企业的社会形象产生重要的影响。

互联网时代,舆论作用被大大加强,具有三大特点:舆情发端不可预知,引发网络围观的马群效应;新旧媒体相互借力,引导舆论理性发展;舆论监督主体向公众回归,推动社会民主进程。舆论的监督作用通过网络深入到居民生活的点点滴滴。

(二) 舆论监督对于网络支付机构的影响

互联网时代的三大舆论特点对各个企业都有可能造成巨大而迅速的

第四章 网络支付机构风险管理架构

影响，以网络支持交易的网络支付机构更是处于风口浪尖：首先，快速传播与群众围观的特性使得网络事件迅速传开，某些谬误由于吸引眼球而被争相炒作；媒体为博点击率，竞相转载焦点，更使得事件影响被成倍放大；同时，对于网络事件的评判可以来自任何个人或组织，例如大众点评网等以累计个人评价为运作方式的点评网络，逐渐成为很多用户初步了解商户的必由之路。网络支付机构本身就以网络用户为主，时刻在舆论的监督之下，舆论监督的导向有时比实际的运营效益、内控机制更直接地塑造一个网络支付机构在用户心中的安全定位，而安全定位是用户是否支持该网络支付机构的关键。

2013年3月27日晚，网友曝支付宝出现重大漏洞，称使用谷歌、360搜索则可以搜索出大量的支付宝交易记录，包括付款账户、收款账户、姓名、日期，甚至邮箱和手机号等，并附带上了 Google 搜索的截图和多个详情页的截图。该消息一经披露被网友大量转发。尽管支付宝第一时间做出反应，一方面澄清支付宝生活助手转账付款结果页面一般用于支付双方展示支付结果，不含用户真实姓名、密码等重要信息。被搜索引擎搜到的付款成功页面共230多条，是少数客户自己主动分享到公共网站，不是支付宝系统的信息泄露。另一方面也主动将用户付款结果页面做部分信息隐藏，帮助用户保护个人隐私信息。但这一漏洞依然引起网民的质疑和恐慌，有网民为反驳"极少量用户将付款结果分享出来导致被搜索引擎检索到"的说法，声称"经过两个小时的奋战，2200万支付宝数据顺利搞到手。"支付宝对于舆论做出的快速应对为该网络支付机构挽回不少损失。但同时也可以看出，舆论对于网络支付机构的影响的确不可小觑。

当前我国网络支付机构处于起步阶段，很多潜在用户的开发取决于舆论对于网络支付机构的评价。近期的一些新闻报道反映了我国网络支付行业有利于网络交易、支持网络金融发展的一面，而关于网络支付机构的网友评论则更加真实和细致地反映了行业内部的竞争状况。其中易观智库统计网友对于支付企业的调查中，对于支付宝的评分达3.81分（满分5分），为行业最高。

（三）网络支付机构如何应对舆论

如上文所言，网络支付机构本身就以网络用户为主，网络舆论对其影响力无疑是巨大而迅速的。尤其涉及人身安全、资金安全等问题，网络用户对于这些安全问题的态度往往是宁可信其有不可信其无，一些负面消息如果散布开来，即使是谬论，如果不能及时予以解释，也会对网络支付机构的声誉造成巨大的破坏。

如今日益兴起的用户体验、用户服务、投诉中心等企业网站模块说明，舆论问题已经基本得到重视。但如何应对舆论，对于网络支付机构而言仍然有待考虑。在一项数据调查中反映，在遇到互联网类业务问题时，会考虑与客服中心联系的用户不到10%，而实际采取行动来联系客服的用户更不到1%。但在微博、大众点评网等社交网络上发表评论的用户却日益增多，用户的投诉迅速蔓延社交网络。调查表明当用户抱怨得到满意受理时，用户忠诚度反而比普通用户更高。可见怎样主动去了解舆论非常重要，意义远大于亡羊补牢式的辟谣、澄清。

参照现代的用户体验管理理论，可以提议网络支付机构在应对舆论时参考用户体验中的重要增值点：主动服务。这本身是针对公司客服而提出的，客服工作者在受理用户的咨询投诉单之外，还要具备针对受理用户资讯投诉的问题进行敏捷分析和业务情景体验的能力，并推动前端产品的优化。这样带来的益处是显而易见的，我们不仅能够直接服务到来客服中心求助的用户，还能够从这些用户中分析出产品的优缺点，甚至是满足用户潜在需求新功能点，挖掘出潜在的需求促进更进一步的业务范围。当产品前端完成这些优化的时候，那些并未接触客服中心的用户体验也立即得到改善。优化后用户体验点不再成为用户流失的威胁，甚至在很多时候这些细节上的改善会给用户带来大惊喜，反而成为同类产品的竞争优势。而客服中心的工作自然地渗透到用户体验管理的整个流程。主动服务的精神可以在客服中心下设网络舆论监管的专门部门来实现，运用关键词搜索等技术，对于公共社交平台上的网络舆论进行主动服务，发挥舆论监督的积极作用，及时修正以规避其消极作用。

五、网络支付机构总体监督模式

网络支付机构的总体监督，在国际上有两种成熟的模式。

第一种是美国模式。美国对网络支付机构的网上支付业务实行的是多元化的功能性监管，即分为联邦层次和州层次两个层面进行监管。监管的重点放在交易的过程，而不是从事网络支付的机构。在对沉淀资金定位问题上，美国联邦存款保险公司认定第三方网上支付平台上的滞留资金是负债，而非存款，因此该平台不是银行或其他类型的存款机构，不需获得银行业务许可证。该平台只是货币转账企业或是货币服务企业。美国《爱国者法案》规定，网络支付机构作为货币服务企业，需要在美国财政部的金融犯罪执行网络注册，接受联邦和州两级的反洗钱监管，及时汇报可疑交易，记录和保存所有交易。

第二种是欧洲模式。欧盟规定网上网络支付媒介只能是商业银行货币或电子货币，这就意味着网络支付机构必须取得银行业执照或电子货币公司的执照才能开展业务。基于这种定位，欧盟对网络支付机构的监管是通过对电子货币的监管实现的。针对电子货币，欧盟出台了相应的法律。

除借鉴国际监管经验外，我国在网络支付机构的监管体系中应当坚持多元化的监管并重，除了坚持监管当局（中国人民银行）的法定监管地位及商业银行的协作监督作用外，还应加强行业自律与舆论监督的作用。通过调动社会公众的广泛监督力量，如在市场准入时向社会公告支付机构申请人的相关资质信息，接受社会舆论的广泛监督，形成社会监督机制，以保障监管的公开、公平、公正，促进监管过程中的廉政建设，维护政府形象，而且还能强化社会公众的参与意识和监督意识。实际上，正是这种政府管理、行业自律与舆论监督相结合的外部监督模式，有利于降低监管和市场运行的成本，提高监管效率和促进市场创新，也有利于把先进经验推广至全行业，以提高支付清算体系运行的安全性和有效性。

第四章 网络支付机构风险管理架构

第二节 网络支付机构的内控机制设计

一、内部控制概念

根据美国"反欺诈财务报告全国委员会"(COSO)的定义,"内部控制"(inner control)是指"由某个企业的董事会、管理当局和其他人员实施的,旨在为经营的效率与效果、财务报告的可靠性、符合适用的法律法规等各类目标的实现提供合理保证的过程"。包括"控制环境"、"风险评估"、"控制活动"、"信息沟通"与"监控"等五个相互关联的要素。

中国银监会2007年7月3日发布的《商业银行内部控制指引》规定,内部控制是商业银行为实现经营目标,通过制定和实施一系列制度、程序和方法,对风险进行事前防范、事中控制、事后监督和纠正的动态过程和机制。内部控制的重要目的之一是确保风险管理体系的有效性。

由此可见,内部控制机制特指企业为实现自己的经营目标、提高经营绩效,而在经营活动的开展、财务报告的编制和法律法规的遵守等方面所作的一系列自律性或他律性机制建设。可以说,没有一个合理的内控机制，企业的经营目标实现就缺乏必要的内部保障。

网络支付机构的内部控制系统，是指围绕风险管理策略目标、为了防范网络支付的各类风险，针对公司各项业务管理及其业务流程，通过执行风险管理基本制度和流程，制定并执行的规章制度、程序和措施的过程。因而网络支付机构的内控机制可以包含两重含义：广义上讲，是指网络支付机构的各级管理部门为了保护受托资产的安全完整，协调经济活动，利用企业内部因分工而产生的相互制约、相互联系的关系，形成的一系列具有控制职能的方法、措施和程序，并予以规范化、系统化，使之成为一个严密的、较为完整的体系。狭义来看，内部控制机制是指网络支付机构为使公司的经营风险可控，而在企业内部对各部门流程运作设定控制点、做好业务流程内部控制的管理制度。

二、网络支付机构的内控架构

网络支付机构的内控机制的有效运行，有赖于一个合理分工、协作监督的内控架构。商业银行与支付结算相关的内控环节主要包括"存款和柜台业务的内部控制"、"中间业务的内部控制"、"会计的内部控制"、"计算机信息系统的内部控制"等。而对于网络支付机构而言，由于本身不经营存贷款业务，其内控体系也主要集中在针对备付金安全、互联网风险、合规风险以及技术风险等环节设置管理架构，因而可以参考商业银行较为成熟的内控架构，建立网络支付机构的准金融级别内部控制架构。具体而言，网络支付机构的内控架构既有类似银行结算业务的内控环节，也同时具有网络支付所特有的网络技术、信息传媒特征。主要应包括以下部门：独立的资金管理部、风险管理部、合规与法律部、内部审计部、系统安全部以及公关与用户服务部等。

（一）独立的备付金管理部

与商业银行资金业务的组织结构相类似，网络支付机构的资金管理部门也应当体现权限等级和职责分离的原则，做到自有资金与备付金分隔、前台交易与后台结算分离、业务操作与风险监控分离，建立岗位之间的监督制约机制。为此，网络支付机构最重要的是要设立独立的备付金管理部门，将用户的备付金和机构自有资金进行分离管理，负责实施并核对客户备付金的存放及划转、与备付金银行对账等。

中国人民银行2013年6月发布的《支付机构客户备付金存管暂行办法》要求，网络支付机构要对用户资金与自有资金分离管理，所有客户备付金必须存放至银行开立专门的备付金账户，并由备付金存管银行托管管理。第二十九条还规定，支付机构存放在备付金存管银行的客户备付金不得低于其接受的客户备付金日均余额的50%。

备付金管理部门主要防止以下情况出现。

（1）未遵守实缴货币资本与客户备付金余额的比例管理规定，及备付金银行之间客户备付金存放限额管理规定；

（2）未按规定存放、使用、核算客户备付金；

（3）未按规定从备付金银行账户利息中计提支付机构风险准备金；

（4）虚构交易或以其他任何形式挤占、挪用客户备付金；

（5）未经批准擅自动用支付机构风险准备金；

（6）违反规定为用户委托办理的支付业务提供或变相提供资金预支、垫付或透支服务；

（7）未按规定办理相关报批手续，等等。

(二) 风险管理部

《商业银行内部控制指引》规定,商业银行应当设立履行风险管理职能的专门部门,负责具体制定并实施识别、计量、监测和控制风险的制度、程序和方法,以确保风险管理和经营目标的实现。与此类似,网络支付机构也应设立专门负责风险管理的专职部门,主要负责对网络支付业务开展过程中的风险进行识别、计量、监测、控制以及报告等。尤其区别于商业银行的是,要对网络支付业务的操作风险中的互联网外部欺诈(如账户信息泄露、交易欺诈)、违规违禁交易和洗钱套现等风险进行监控、识别(风险建模)、处置和赔付。

风险管理部门是网络支付风险管理的核心枢纽。由于互联网上的交易都是以非面对面或非接触的方式进行的,风险管理部门必须通过交易监控、行为分析、数据挖掘等风险管理工具和技术手段进行风险识别,通过风险建模捕捉异常或者有风险操作的交易及相关账户。在此基础上,风险管理部门要对所有交易进行全程集中监控,通过规则比对捕捉风险嫌疑交易,并对相关账户进行处理,并辅助以人工核查。如果出现资金损失情况,要能对风险过程进行记录,划清责任并进行相应赔付。

如支付宝的风险管理部是公司最核心的部门之一,下设五个小组:金融风险组(专门负责可疑及大额交易的在线与非在线监控与核查工作),账户安全控制组,欺诈风险管理组,安全运营分析组以及商户风险管理组。五个小组的工作围绕着智能实时风险监控系统(CTU 系统)进行。CTU 也即 Counter Terrorists Union,是由支付宝自主研发的智能实时风险监控系统,于 2005 年 8 月 1 日正式发布上线,是目前国内最先进的网上支付风险实时监控系统之一。该系统能够通过数据分析、数据挖掘等技术进行案件学习并与用户正常行为特征进行比对,建立一整套的规则体系来捕捉异常行为或有风险操作的账户,根据风险级别进行相应的处理。通过开发并不断更新整套 CTU 规则体系,同时辅之以必要的人工核查,来有效防控网络支付风险。

(三) 法律合规部

网络支付行业作为一个发展中的新兴行业,与其相关的法律法规体系还不是很完善,有关业务边界、业务规则、用户权益等容易引起法律和合规风险。法律合规部门是识别、评估、监控并报告网络支付活动中有关法律和合规风险的一个独立的职能部门。主要是为了防止网络支付机构因未能遵循相关法律条款、监管规定、行业规则、自律性组织制定的有关准则,以及适用于网络支付自身业务活动的行为准则等,从而可能遭受法律制裁或监管处罚、重大财务损失或声誉损失的风险。

值得强调的是,结合商业银行通常由法律合规部门履行反洗钱职责的实际情况,网络支付机构的法律合规部门应当是其进行反洗钱风险管理的主要部门,负责根据国家相关法规制定反洗钱的内部控制制度,包括用户身份识别、可疑大额交易认定和报告、用户身份资料和交易记录保存等方面的内部操作规程。此外,法律合规部还需要对网络支付的商户准入、新业务准入、司法纠纷等提供司法协助。

如支付宝的合规部就是在风险管理委员会辖下运作,主要负责政策、法律法规的落实与检查,并保持与人民银行、国家外汇管理局等监管部门的紧密沟通,保证各项业务合法合规。

(四) 内部审计部

为了对各部门履职情况和风险管理现状进行监督、评价和提示,网络支付机构要设立专门的内部审计部门,负责制订内部审计计划,实施内部审计制度和流程,定期(如每年)对整个业务和管理部门的运作情况和潜在风险等进行审计。

内审部门要和其他业务部门和管理部门保持一定的独立性。要对网络支付机构内部各类业务流程及风险管理流程进行独立评价,以确定是否遵循公认的方针和程序,是否符合规定和标准,是否有效和经济地使用了资源,以及是否实现了风险管理的目标,并在审计结果的基础上提出改进和完善的建议。

负责协助公司识别和评价重大风险问题,帮助公司改进风险管理与控制系统;通过评价控制的效率与效果,促进其持续改善等工作,帮助公司维持有效的控制系统;评价公司治理过程并提出改进公司治理的恰当建议,履行检查与评价、咨询与服务的职能。

(五) 系统安全部

网络支付业务是在网络环境下依赖网络技术开展的,现代信息技术在带来便捷支付的同时,也容易存在因各种技术漏洞而导致的支付风险。网络支付的技术特征决定了必须有专门的系统安全部门为风险管理提供技术支持,负责保障网络支付系统的身份验证系统、交易系统、安全控件系统以及数据存储、加密、传输系统的正常运营,以及必要的数据和系统的灾难备份和技术应急处置能力。

例如,系统安全部门要保证具备高可用性的数据物理存储环境,提供同城和异地数据备份功能,利用通信网络将关键数据定时批量传送至备用场地。在传输和存储上,应采用加密或其他保护措施实现系统管理数据、鉴别信息和重要业务数据存储和传输的保密性。同时,要采用冗余技术设计网络拓扑结构,避免关键节点存在单点故障;还应提供主要网络设备、通信线路和数据处理系统的硬件冗余,保证系统的高可用性。此外,系统安全部门还要承担并合理安排定期或不定期维护、各种应用程序、软件升级等运行维护工作,减少必要的技术加固措施对网络支付服务的影响,为网络支付服务的连续性提供技术支撑。

(六)公共关系与用户服务部

公共关系和用户服务部是处理网络支付机构"声誉风险"的核心部门。网络支付机构发生声誉风险时,公共关系部门负责协同各个业务、技术部门制定策略,并寻找媒体渠道及代言人渠道发布信息,引导公众客观看待网络支付机构,寻求社会公众的高度认知与理解,以达到维护和树立良好形象的目的。尤其是在互联网环境下媒体信息高度发达,网络支付机构的支付风险事件,可能迅速通过互联网被广泛传播、扩大甚至扭曲。网络支付机构的用户服务部门是发现和处理声誉风险的"第一战场",态度良好、专业的用户沟通有助于弥合声誉风险带来的用户关系破裂风险。而公共关系部门尤其需要学会适应并利用网络媒体,向社会大众树立网络支付行业和企业便捷、安全、高效的良好形象。

目前,国内主要的网络支付机构大多设立了内控和风险管理委员会或类似职能的管理组织,如瑞宝支付的内控和风险管理部就由公司的执行董事、各部门主管和部分业内专家组成,主要对公司信用风险、市场风险和运营风险等进行管理。支付宝也已在业内率先建立了完善的风险治理架构,董事会下设风险管理委员会全面负责风险管理工作,下辖合规部、风险管理部与内控部。

三、网络支付机构风险管理机制的运作模式

网络支付机构有效的风险管理和内控机制,在由相关业务和管理部门构成的架构的基础上,要通过合理的分工、有效的协同、明确的职责等来保证这一架构的高效运行。通过基于前中后台的"四道防线",这一内控架构中的各个部门之间形成有效的运作模式,以保障网络支付的信息安全、交易安全和数据安全。

(一)构建基于"四道防线"的信息科技风险立体防范体系

2009 年 6 月中国银监会公布的《商业银行信息科技指引》要求,银行要构建信息科技风险管理的"三道防线",即由信息科技管理、信息科技风险管理、内部审计等部门共同管理信息科技风险。根据网络支付机构自身的业务运行和风险管理需求,建议增加资金管理部门作为第一道防线,从而形成了由资金管理、系统安全管理、风险管理和内部审计等部门构成的网络支付机构风险管理的"四道防线"。各道防线分别在网络支付业务的前台、中台和后台等不同层面各司其职,形成对网络支付业务风险的多层次管理和立体防范体系。

备付金管理部门可作为第一道防线,负责网络支付用户的资金安全。这是网络支付业务风险管理的前提基础和最前端。一般网络支付机构会按照人民银行 2010 第 2 号令等相关规定,要将所有用户的交易资金都必须存放于独立的、唯一的商业银行监管账户中,委托特定商业银行作为托管银行对用户资金进行托管。如支付宝 2005 年和工商银行签订了《用户交易保证金托管协议》,委托工行每月对支付宝用户交易保

证金做托管审计，并每月向社会公开此托管报告；而汇付天下所有的用户资金，都存放于中国民生银行的监管账户中，非经用户许可或司法确认，任何单位和个人均无权对资金进行任何操作。

第二道防线是系统安全管理部门，负责网络支付业务开展过程中的技术安全。系统安全管理部门要应用各种安全技术，保护用户在网络支付过程中的资金安全、信息安全等。这是网络支付业务的网络环境和技术特点所要求的。

第三道防线是风险管理部门，负责机构整体的风险管理。要从全面风险管理角度，运用各种风险管理的方法工具，对网络支付风险的识别、计量、监测、控制、报告等全流程进行管理，并逐步建立适应于网络支付机构的全面风险管理体系。

第四道防线是内部审计部门，负责事后对业务开展和风险管理的情况进行评估和审计。定期的内部审计可以发现和改进前三道防线在运行中存在的问题。对监督检查中发现的内部控制缺陷，审计部应当按照内部审计工作程序进行报告；对内部控制的重大缺陷，可直接向董事会及其审计委员会、监事会报告，并要求相关责任部门整改落实。

（二）在网络支付机构内部应当建立业务的风险责任制

对于单个网络支付机构而言，其风险管理架构主要包括三个层面内容：其一是来自董事会和外部对管理层的监督机制，其二是对业务部门的安全管理架构，其三是对业务线风险的监控措施和工具。要建立由上到下有效的风险管理架构，就要明确规定各个部门、岗位的风险责任，而且要以部门负责人为风险管理责任人。这是内控机制得以有效运作和发挥作用的基础。如前台资金交易岗位应当承担越权交易和虚假交易的责任，并对未执行止损规定形成的损失负责。而中台监控人员应当承担对资金交易员越权交易报告的责任，并对风险报告失准和监控不力负责。后台的结算人员应当对结算的操作性风险负责。同时，机构的高级管理层应当对资金交易出现的重大损失承担相应的责任。

（三）提高部门之间的快速反应和高效协同能力

在各个业务部门各司其职的基础上，网络支付机构应建立纵向沟通、高效协同、快速反应的管理机制，做到出现问题的第一时间高管能及时了解情况，处理问题时各个部门能够积极协同配合，将风险隐患消弭在萌芽阶段；对已经发生的风险也能做到积极、妥善地处理，防范风险扩大。通过各部门的风险管理联系人的紧密协作，及时、妥善处理各类风险事件，尽可能将事件带来的负面影响降至最低。同时记录风险事件处理过程以及结果，进行定期分析总结，不断完善内部控制措施、优化协调程序，以降低风险事件重复发生的可能性、提高风险事件的处置效率。

未来的方向是，网络支付机构都应逐步建立完善的风险快速反应管理体系，实现各业务部门和风险控制部门之间的密切联动和高效协同。例如，支付宝建立了统一进行风险和信息安全的大安全体系，除风险管理部之外还创建了信息安全部、安全产品技术部、国际支付风险部、风险商业智能部（BI）等兄弟部门，实现多层级、多方位的专业风险管理架构。同时，支付宝在大安全、法务和合规部、价格管理部、用户资金部、结算部、内控部、内审部等各后台管理部门之间，建立了联席合作机制，积极沟通管理政策和业务信息，在避免信息不对称和管理政策不统一方面也取得了良好的效果。

第四章　网络支付机构风险管理架构

第三节　安全技术在网络支付风险控制中的作用

网络支付不同于传统支付方式,它是基于互联网的一种实时支付结算活动。互联网开放式的信息交换方式使其网络安全具有很大的脆弱性。为了保护用户在网络支付过程中的资金安全、信息安全,各种安全技术的研究和运用非常重要。在网络支付风险控制架构中,安全技术主要在第二道防线即系统安全管理中使用,负责保护网络支付业务开展过程中的技术安全。

一、网络支付技术风险概述

网络支付的技术风险指的是由于计算机软硬件系统或网络支付系统出现问题被利用,或系统软硬件及网络安全受到攻击造成的支付风险。主要有以下几个风险因素。

1. 系统的可靠性问题

网络支付机构的系统安全非常重要,如果网络支付系统出现服务能力短缺、系统损坏、数据泄露、硬件损毁等风险,就可能造成用户信息、交易信息的遗失或者泄露。如果发生上述情况,则不但会对用户的资金和信息安全造成极大的威胁,同时也会使网络支付机构自身的信誉遭到巨大损失。

2. 身份识别问题

在传统支付方式中,交易双方往往是面对面的,这样很容易确认对方的身份。即使不熟悉对方,也可以通过签名、印章、证书等一系列有形的身份凭证来确认对方身份。然而在网上交易中,双方在整个交易过程中都可能不见一面。如果不采取特殊的识别、防护等安全措施,就非常容易引起假冒、诈骗等违法活动。例如,在进行网上支付时,第三方假冒交易一方的身份以破坏交易、破坏被假冒一方的信誉或盗取被假冒一方的交易成果等。所以,在使用网络支付机构进行支付时,对于网络支付机构来说,怎样才能验证发出指令的用户是合法用户?对于用户来说,又该如何判断计算机屏幕上显示的网络支付中心不是黑客设计的钓鱼网站呢?

3. 支付信息被伪造、篡改

攻击者可以通过修改互联网传输中的数据,破坏数据的真实性和完整性,将伪造的假消息注入系统、假冒合法人介入系统、重放截获的合法消息或篡改支付指令的内容以实现非法牟利的目的。因此,如何防护非法入侵者修改支付信息,比如付款银行卡号、支付金额、收款人账号、支付指令序列、延迟或重放支付指令等信息是网络支付机构必须要考虑的问题。

4. 支付信息被泄露

在传统支付方式中,一般通过面对面的信息交换,或者通过可靠的通信渠道发送支付信息。而网络支付中的各方(如商户、网络支付机构、银行、用户等)均存在于互联网中。当支付各方通过这个开放的公用互联网络交换信息时，如果不采取适当的保密措施，那么重要的支付信息可能被黑客窃取，导致巨大财产损失。例如，一旦攻击者通过某种方式得到持卡人的支付密码，就可以轻易地冒充持卡人通过互联网进行消费，给持卡人带来损失。

5. 支付信息被抵赖

在传统交易中，交易双方通过在交易合同、契约或支付凭证等书面文件上的手写签名或印章来鉴别贸易伙伴，确定合同、契约、单据的可靠性并预防抵赖行为的发生。但是网络支付是一个通过网络支付机构提供的网上结算服务将资金从付款人账户划拨到收款人账户的过程。因此，在网络支付过程的各个环节中都必须是不可否认的，即支付一旦达成，发送方不能否认其发送的信息，接收方则不能否认其所收到的信息。

二、主要安全技术及其在应对网络支付风险中的重要作用

为了有效地控制防范上述支付风险，确保网络支付业务开展过程中的技术安全，必须建立有力的安全基础设施。迄今为止，国内外学术界和相关厂商已指出了很多相应的解决方案，其中各类安全技术的使用处于最关键的地位。

目前常用的安全技术主要包括加密技术、认证技术、安全电子交易协议、黑客防范技术、虚拟专用网技术、反病毒技术、实时监控技术、大数据应用技术及其他相关的网络安全技术。这些安全技术在防范各类网络支付风险、确保网络支付安全顺利进行方面发挥着巨大的作用。下面分别简要加以介绍。

（一）加密技术

不同于传统支付手段，网络支付是在开放性的互联网进行的，大量的数据需要在网上传输，包括订单、支票、信用卡密码、账户信息、身份证明等敏感信息。如果这些信息在互联网传输过程中被窃取、篡改，势必会影响网络支付的正常进行，甚至会给用户带来巨大的损失。为了保护网络支付中隐私数据的安全，就需要应用加密技术，以防止敏感信息被外部获取。

加密技术是网络支付活动中采取的主要安全技术手段，是保护信息的保密性、完整性、可用性的有力手段。它不但可以在一种潜在不安全的环境中保证通信及存储数据的安全，而且还可以有效地用于报文认证、数字签名等，以防止种种电子欺骗，对保护账户和网络支付过程的安全起着重要作用。同时，加密技术是认证技术及其他许多安全技术的基础，也是信息安全的核心技术。

（二）认证技术

认证技术是信息安全理论与技术的一个重要方面，也是网络支付安全的主要实现技术。采用认证技术可以直接满足身份认证、数据的机密性、信息的完整性、不可抵赖性等多项网络支付的安全需求，较好地避免了网络支付面临的假冒、篡改、抵赖、伪造等种种风险的威胁。

认证技术主要涉及身份认证、报文认证、数字证书等方面的内容。

身份认证是指计算机及互联网系统确认操作者身份的过程。身份认证可以有效地防范和控制两类风险：其一是网络欺诈和黑客等犯罪分子盗取他人账户信息或财务；其二是犯罪分子操纵批量注册账户实施洗钱等违法行为。一般来说，用户身份认证可通过三种基本方式或其组合方式来实现：①基于口令的身份认证。包括静态口令技术（如用户名/密码技术）和动态口令技术（如一次性口令技术）；②基于物理证件的身份认证技术。即用户必须持有合法的随身携带的物理介质，如智能卡、USB Key 等。物理证件在此相当于钥匙，携带方便；③基于生物特征的身份认证。这种方法通过检查每个人的生理或行为特征来确认身份。因为每个人的生理或行为特征都是独一无二的，所以它比传统的身份认证方法更可靠。常用的基于生物特征的身份认证方法包括人脸认证、虹膜认证、指纹认证、掌纹认证、语音认证、手写签名认证等诸多种类。

报文认证用于保证通信双方的不可抵赖性和信息的完整性，它是指通信双方之间建立通信联系后，每个通信者对收到的信息进行验证，以保证所收到的信息是真实的过程。验证的内容包括：证实报文是由预定的发方产生的；证实报文的内容没有被修改过；确认报文的序号和时间是正确的。

数字证书是一种权威性的电子文档，由权威公正的第三方机构，即 CA（例如 Global Sign）中心签发的证书。它以数字证书为核心的加密技术可以对网络上传输的信息进行加密和解密、数字签名和签名验证，确保网上传递信息的机密性、完整性。使用了数字证书，即使用户发送的信息在网上被他人截获，甚至丢失了个人的账户、密码等信息，仍可以保证用户的账户和资金安全。

在某些情况下，信息认证比信息保密更为重要。例如，在很多情况下用户并不要求购物信息保密，而只需要确认网上商店不是假冒的（这就需要身份认证），确保自己与网上商店交换的信息未被第三方修改或伪造，并且网上商家不能赖账（这就需要报文认证）；商家也是如此。

目前，在网络支付中广泛使用的认证手法和手段还有 IP 识别、二次校验与人工核查、数字签名、数字摘要、数字时间戳、PKI 安全体系，以及其他一些身份认证技术和报文认证技术。

（三）安全电子交易协议

电子交易可以说是网上支付活动的核心内容。如何在开放的公用网上构筑安全的交易模式，一直是业界研究的热点。毫无疑问，只有建立在密码技术和认证技术的基础上，才有可能构筑一个安全的电子交易模式。例如，在线交易安全的首要前提是要保证能正确识别和验证参与交易活动的各个主体，如验证持卡消费者、商家和支付网关的身份合法性。

目前有两种安全在线支付协议被广泛采用，即安全套接层（Secure Sockets Layer，SSL）协议和安全电子交易（Secure Electronic Transaction，SET）协议。二者均是成熟和实用化的协议，能为电子商务提供有力的安全保障。

（四）黑客防范技术

目前，黑客攻击已经成为网络安全所面临的最大威胁，也是网络支付面临的重大风险之一。因此，黑客防范技术成为网络支付安全技术的重要内容，受到了网络支付机构的高度重视。

为了有效地防范黑客，目前已有许多有效的反黑客技术，主要包括安全扫描工具、防火墙技术、入侵检测技术、防病毒技术等。

1. 安全扫描工具

安全扫描工具又称为扫描器，是一种自动检测远程或本地主机和网络安全性弱点的程序。通过使用扫描器可以不留痕迹地发现远程或本地服务器的各种 TCP 端口的分配、服务软件及其版本。通过安全扫描工具，可以间接地或直观地了解到远程或本地主机所存在的安全问题。例如，是否能用匿名登录、是否有可写的 FIP 目录、是否能用 TELNET、HTTPD 是用 root 还是用 nobody 在运行。

2. 防火墙技术

防火墙是在企业或商家的内部网和外部网之间构筑的一道屏障，用来保护内部网中的信息、资源等不受来自互联网中非法用户的侵犯。在网络支付过程中，包括网络支付机构、商家、银行、用户等在内的交易各方均需在网络上进行互动，比如填写订单、选择支付方式、提交支付表单、确认支付等。这些活动主要是基于 WWW 方式进行的，所以网络支付机构和银行就需要设置对应的业务 Web 服务器，为顾客提供网络服务。防火墙通过与这些业务的 Web 服务器之间进行必要的关联设置，确保网络支付机构和银行既能利用 Web 服务器对外提供网络业务服务，又能借助防火墙保证内部网络安全，从而保证网络支付业务能够顺利进行。

（五）虚拟专用网技术

虚拟专用网技术是一种在公用互联网络上构造企业专用网络的技术。通过 VPN 技术，可以实现企业不同网络的组件和资源之间的相互连接。虚拟专用网络技术支持用户计算机在 Internet 等公共互联网络上，以安全的方式与位于企业内部网内的服务器建立连接。VPN 对用户端透明，用户如同使用专用网络一样进行数据的传输。

（六）反病毒技术

在网络环境下，计算机病毒具有不可估量的威胁性和破坏力，已成为威胁网络支付安全的一个重要因素。防范计算机病毒是网络支付安全性建设中重要的一环。

反病毒技术主要包括预防病毒、检测病毒和清除病毒3种技术：①预防病毒技术，它通过自身常驻系统内存优先获得系统的控制权，监视和判断系统中是否有病毒存在，进而阻止计算机病毒进入计算机系统和对系统进行破坏，这类技术有加密可执行程序、引导区保护、系统监控与读写控制等；②检测病毒技术，它是通过对计算机病毒的特征来进行判断的技术，如自身校验、关键字、文件长度的变化等；③清除病毒技术，它通过对计算机病毒的分析，开发出具有删除病毒程序并恢复原文件的软件。

随着系统环境、应用环境和网络环境的不断庞大，病毒种类呈多样化发展，其破坏性也在不断增强。一个安全的网络支付系统首先应具有实时防毒和定时杀毒技术，在系统的整个工作过程中，针对病毒传播的途径和方式提供全方位的防护，形成一个完善的防护体系。只有随时防止病毒从外界侵入系统，才能全面提高支付系统的可靠性和安全性，达到防患于未然的目的。

（七）智能实时防控系统

所谓智能实时防控系统就是指由机器完成的通过相应规则对交易进行实时筛查监控系统。具体来说，就是网络支付机构能够通过数据分析、数据挖掘等技术进行案件学习并与一般用户正常行为特征进行比对,建立一整套的规则体系来捕捉异常的或者有风险操作的账户。一旦发现异常的或有风险的操作行为,则根据风险级别不同进行不同的处理。该系统初步筛查出初步结果,再配合人工核查,最终锁定风险交易,控制风险账户。

以智能防控系统为核心的实时监控技术能够将网络支付机构风险事件的响应速度从事后提前到事中,从而大大提高对网络欺诈、盗窃、作弊、洗钱、套现等风险的防控效率。

(八) 大数据应用技术

最近在硅谷流行的一种名为"数字化自我(quantified self)"的项目可能会打破传统身份验证的模式。互联网技术提供了这样一种可能性,通过手机或个人电脑将个人(或企业)的大量行为状态记录并存储到云端下来(而不仅仅是交易行为),并通过对人的行为的连续性进行综合分析来识别身份,而不仅仅是通过密码或密钥等安全工具。在网络支付中应用这一技术,可以有力应对用户身份识别风险,对于保护用户的账户和支付安全非常有效。

(九) 其他安全防范措施

除了以上列举的安全技术以外,针对网络支付事前和事后阶段可能存在的风险也有相应的安全防范措施。比如建立信息管理机制控制机构信息风险、进行商户审核来控制商户风险等。

综上所述,我们可以把主要的安全技术及其针对的网络支付风险总结为表4-1。

表 4-1　主要网络安全技术及其针对的网络支付风险

安全技术名称	防范的风险	主要措施
加密技术	信息在互联网传输过程中被窃取、篡改	使用一定的算法伪装明文信息，以隐藏它的真实内容
认证技术	假冒、篡改、抵赖、伪造等种种风险	（1）身份认证；（2）报文认证；（3）数字证书；（4）IP识别；（5）二次校验与人工核查；（6）数字签名；（7）数字摘要；（8）数字时间戳；（9）PKI安全体系
安全电子交易协议	电子交易不能顺利执行	（1）安全套接层协议；（2）安全电子交易协议
黑客防范技术	黑客攻击	（1）安全扫描工具；（2）防火墙技术；（3）入侵检测技术；（4）防病毒技术
虚拟专用网技术	网络连接风险	VPN 技术
反病毒技术	计算机病毒	（1）预防病毒技术；（2）检测病毒技术；（3）清除病毒技术
实时监控技术	网络欺诈、盗窃、作弊、洗钱、套现等风险	通过数据分析、数据挖掘等技术进行案件学习并与一般用户正常行为特征进行比对，建立一整套的规则体系来捕捉异常的或者有风险操作的账户
大数据应用技术	用户身份识别错误	通过手机或电脑将个人（或企业）的大量行为状态记录并存储到云端下来，并通过对人的行为的连续性进行综合分析来识别身份

资料来源：课题组整理。

网络支付是互联网渠道和货币资金转移服务相结合的产物，归根结底是技术与产业的结合。因此网络支付风险是复合型的风险，需要复合型安全防范手段，其风险防范、安全管理都要围绕技术、产业两个角度或维度进行。在产业管理即支付结算行业规范相对成熟的情况下,安全管理的重心自然需要放在技术环节。因此展望未来网络支付风险防控的发展趋势,安全技术的创新对于有效的防范和控制网络支付风险的作用将越来越明显。

三、各类安全技术在实践中的应用案例
——以支付宝为例

安全技术除了能有效地防范各类支付风险以外,还能通过组合运用有效地用于反洗钱、反套现以及进行实时监控等系统性安全解决方案。具体应用案例可以以支付宝的安全解决方案为例,如下所示。

(一)支付宝反洗钱解决方案

为有效防范犯罪分子使用网络支付技术进行洗钱活动,支付宝综合运用多种安全技术,建立了一套完善的反洗钱解决方案。主要措施包括以下几点。

1. 设立反洗钱机构

从2008年开始,由法务及合规部下设的合规部,以及风险管理部下设的金融风险组共同开展反洗钱工作。合规部设合规专员,负责公司反洗钱政策、制度制定、计划的制订和落实,公司内部各业务环节反洗钱工作的协调配合,对外可疑交易报送、等工作;风险管理部设反洗钱专员,负责反洗钱措施的具体实施,包括日常交易核查、可疑交易监控分析与甄别、检查与案件调查协调配合等工作。2010年10月开始,为了提升效率,反洗钱专员岗位并入合规部,反洗钱工作统一归口合

规部。

2010年11月，支付宝制定了《反洗钱和反恐怖融资内部控制制度》，规范公司内部开展反洗钱工作的相关职责和行为。反洗钱知识培训已经纳入新员工入职的"百年支付宝"讲堂。

2. 严格的身份识别认证机制

支付宝用户身份识别分为两部分，包括对普通用户和签约商户的身份识别。对签约商户的身份识别将在第六章中详细阐述。对普通用户的身份识别主要包括常规识别、持续的尽职调查、风险分级管理。

支付宝实名认证是针对所有用户采取的常规识别手段。通过身份证或营业执照认证、银行账户认证两方面来完成。2010年1月开始，个人身份认证增加了人工审核证件的流程。未认证用户全年累计收款不超过500元，超过部分不允许自由支配；未经过人工审核的用户，个人月收款不能超过2万元，当月累计收付款累计不超过5万元。

3. 严格的商户审核

在大额和风险敏感业务发生时，采取强化的用户尽职调查措施，包括要求用户提交相关合同、交易单据、出库与发货、物流单据等，以核实交易的真实性与合法性。针对签约商户，要求销售BD定期回访，更新用户信息。

根据签约商户使用的特殊服务或权限，对商户进行洗钱风险等级的划分与评估，从多方面更为有针对性地发现洗钱可疑行为的存在。洗钱风险共分三档五个层级，可直接应用于日常大额可疑交易的核查，不同风险等级检查频率、力度有所差异，高风险数据优先分析。

支付宝与公安部门建立了沟通渠道，将公安部门提供的一套在逃犯

第四章 网络支付机构风险管理架构

罪人员黑名单列入重点监控名单。一旦发现可疑交易行为，即上报给人民银行。

4. 运用智能实时防控技术和商户审核追查可疑交易

支付宝大额和可疑交易标准严格根据《金融机构大额交易和可疑交易报告管理办法》和《支付清算组织反洗钱和反恐怖融资指引》的规定执行。在大额交易为基础之上，运用智能实时防控技术，通过数据仓库开发大额交易及异常交易报表，设置一个交易总额阈值，将符合阈值的异常交易滤出。

反洗钱专员对滤除的符合规则条件的交易进行人工核查。主要分析交易方本方和交易方对手方所处地域（是否为洗钱高危地区或反洗钱监管薄弱地区）、交易商品内容、交易金额、交易频率、交易事实性（交易需求是否合理）等。如有疑点，发函要求用户提交行业资质凭证、交易资金凭证、银行对账单、汇款单等相关文书文件，并要求商户进行合理的解释说明。根据系统记录的信息和用户提供的文件，对交易评定风险等级，按正常、关注、高危分类处理，高危可疑交易报送中国人民银行。如果交易方是商户，可能与商户终止合作关系，并视情况举报给司法、公安等机关或部门。

此外，经过合规部、风险管理部、数据仓库、技术部等多个部门长期的调研分析、比较论证，支付宝还自建了"反洗钱数据报送系统"。"反洗钱数据报送系统"将实现从数据筛选到上报的一整套自动化作业流程，大大提高反洗钱工作的效率。

5. 保存用户身份资料和交易记录

支付宝《反洗钱和反恐怖融资内部控制制度》对用户身份资料、

身份资料变更情况和交易记录的保存制定了详细的规定。实际上目前支付宝所有用户记录及交易记录都是无限期保存的。

(二) 支付宝利用实时风险监控系统建立反套现解决方案

支付宝自主研发的智能实时风险监控系统（CTU 系统）于 2005 年 8 月 1 日正式发布上线。该系统是支付宝风险管理的一个核心系统，能通过数据分析、数据挖掘进行规则自学习，自动更新完善风险监控策略。CTU 系统基于用户行为来判断风险等级，集风险分析、预警、控制为一体。并配备风险稽核专家小组进行风险稽查及处置。CTU 对支付宝交易中的账户风险、交易风险、洗钱、盗卡、套现、商户违规等风险进行 7×24 小时全天候风险监控（图 4-2）。

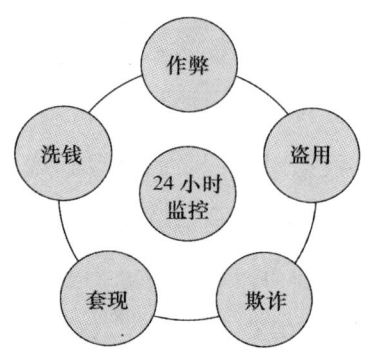

图 4-2 智能实时风险监控系统 CTU 示意图

例如，支付宝对用户套现行为进行了长期的研究，总结出适用于支付宝的数十套反套现模型。支付宝通过风险监控系统，对用户交易行为进行反套现跟踪，并根据反套现数据模型所提供的多个相关嫌疑数据参考字段通过多维度分析、多重条件组合，对用户进行实时监控（图4-3）。经过不断地实践及调整，目前反套现的系统成功监控率高于 98%。

第四章　网络支付机构风险管理架构

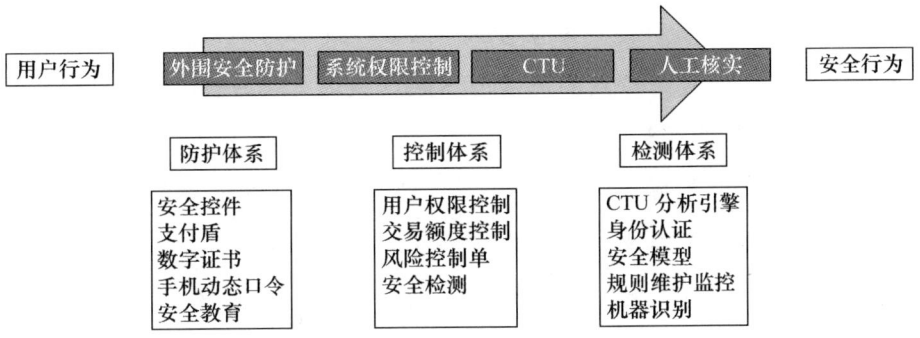

图 4-3　支付宝反套现行为监测体系图

（三）支付宝实时监控技术

对于钓鱼地址的实时拦截是一项重要的安全技术。当消费者打开登陆钓鱼网站链接时，网络支付机构用户端、杀毒软件或即时通讯工具能立刻识别钓鱼网站并进行安全报警或直接拦截。

例如，阿里巴巴集团"文王"反钓鱼系统通过实时检测旺旺上传送的钓鱼链接，给用户威胁提示，从而达到报警的目的。钓鱼网站识别准确率达99%以上，对钓鱼案件起到了很大的遏制作用，后续系统还将进一步执行拦截或提交合作方屏蔽等处理手段。

通过以上所述的阿里旺旺实时监控技术以及对钓鱼地址的即时拦截能够有效的控制欺诈、合规风险。

专题	银行业金融机构风险管理架构新进展

目前，商业银行等金融机构都开始重视按照全面风险管理的要求，根据"健全、合理、制衡、独立"的原则，建立了适应现代金融业务发展需求的风险管理架构。完整的风险管理架构应该是"全员、

全流程、全覆盖"的，具体包含五个层级。这可为网络支付机构探索适合自身业务和技术特点的风险管理架构提供有益的参考。

1. 公司的"两会一层"

公司治理结构要求明确"两会一层"在风险管理中的职责和权限。其中董事会承担风险管理最终责任和最高决策职能，负责批准总体风险偏好和整体风险战略，设定风险容忍度，定期评估风险情况，保障风险管理所需资源。高管层依据董事会批准的风险管理战略，制定并执行适当的风险政策、管理程序和控制制度。监事会负责监督董事会和高管层在风险管理方面的履职尽责情况，并提出有关建议，保证银行的经营符合法律规定，减少"内部人控制"和道德风险的发生。网络支付机构虽然不一定有完善的两会一层的结构，但也应以股东大会为最高决策机构，可由公司总裁负责风险管理的最终责任和最高决策职能，同时设立董事和监事岗位履行相应职责。

2. 设立全面风险管理委员会体系

商业银行一般在董事会下设全面风险管理委员会，具体领导和执行全行风险管理工作，将风险管理延伸至各业务条线和分支机构。由行长或首席风险官（CRO）担任主任。在全面风险管理委员会下，可按照需要设立信用风险、流动性风险、市场风险、操作风险的专业子委员会。其中全面风险管理委员会确定全行风险偏好和风险管理组织架构、基本政策及总体要求；评估全行风险状况和管控措施的有效性；指导各个专业风险管理子委员会具体实施全面风险管理工作。而各个专业子委员会是推动全行相关风险管理工作的实体办事机构，可和具体的业务管理部门建立对应关系。具体审议各类风险事项、重大问题、疑难项目，督导风险管控措施落实；接受全面风险管理委员会

第四章 网络支付机构风险管理架构

领导并向其报告工作。对网络支付机构而言，需要在风险管理部门之上，成立由公司高管直接领导、涵盖全公司所面临各类风险的组织，领导全公司的风险管理工作的决策和执行。

3. 风险管理部门

设立专门风险管理总部，向上对首席风险官负责，并可作为风险管理委员会体系的主办和秘书部门，配备了适当数量的具备风险管理资质、经验、专业技能的管理人员，协助首席风险官和风险管理委员会开展全面风险管理工作。风险管理部向下对公司业务面临的各类风险进行控制、管理和评估，实施对风险的事前、事中、事后全程管理。具体风险类型包括信用风险、市场风险、流动性风险、操作风险、合规风险、业务策略风险、声誉风险、国别风险等。网络支付机构所面临的主要风险包括信用风险、市场风险、操作风险和合规风险等，因而风险管理部门应根据这些风险的特点并结合网络支付业务的特点，设立专门的子部门或者人员进行管理。

4. 业务职能管理部门

公司各业务职能管理部门对本业务开展过程中的各类风险进行规范、管理。这既是保证各类业务顺利开展的必要的内部控制措施，同时也是风险管理最前端和最基础的工作。如公司经纪业务运营中心、计划财务部、信息技术管理部等部门从专业化的角度分别对公司的证券交易、资金、财务、信息技术等风险进行控制。网络支付机构中负责客户备付金管理、资金支付清算等相关业务部门，是风险主要聚集和高发的地方，这些业务部门应建立本部门的业务管理规范，在业务开展的流程中加强对风险的控制。而公司各部门负责人为风险控制的第一责任人，要具体履行风险控制职能，执行具体的风险管理制度。

5. 业务经营部门内部的风险管理部门或岗位

也即要求在各层级业务部门都配备专门的风险管理部门或岗位，具体落实和执行上级风险管理部门的管理措施和管理工具；同时监控所在部门业务发展中的风险情况，并向上级风险管理部门报告监测和控制结果。网络支付机构应在各业务经营部门明确相关的风险管理岗位，并建立与风险管理部的联系汇报机制，从而将风险管理的触角延伸到业务开展的最前端，增强风险管理的敏感性和执行效率。

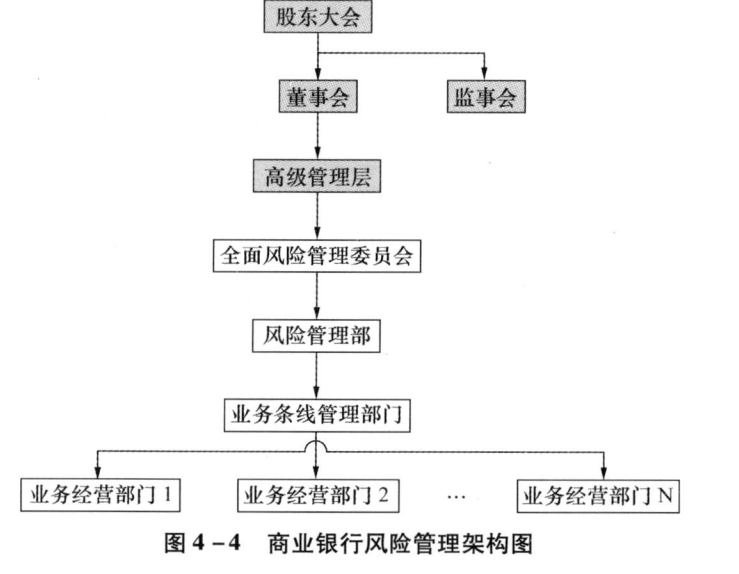

图 4-4 商业银行风险管理架构图

第五章

产业链上的安全合作与分工

面对影响网络支付安全与效率的众多风险因素，除了网络支付机构内控架构的完善与强化之外，产业链上多个参与者之间的安全合作与分工也是提升网络支付安全与效率的重要方面。本章将从产业链各方参与者的安全诉求出发，探讨安全合作与分工的必要性，并重点分析在网络支付资金安全、信息安全以及损失分担等三个重要方面的合作要点。

第五章　产业链上的安全合作与分工

第一节　网络支付产业链及各方安全诉求概述

逻辑上，网络支付产业链各方安全合作的基础是产业链上至少两个参与者之间存在安全事务的"诉求契合"，或者说合作可以带来"双赢"。这种"双赢"，可能是利益也可能是优势互补。本节将通过概述网络支付产业链及产业链各方的安全诉求，引出网络支付安全合作的重点和难点事项。

一、网络支付产业链概述

网络支付产业发展迅猛，其业务模式随着技术、市场和用户观念的发展变化亦在不断地发展变化之中。当前，网络支付产业的产业链主要包含了五个层次（基础支付层、网络支付服务层、应用层、保护层及监管层）和七个代表性主体［银行、中国银联股份有限公司（以下简称"银联"）、网络支付机构、移动运营商、用户、杀毒软件公司、中国人民银行］。网络支付产业链如图5-1。

（1）在网络支付产业链之中，银行和银联为整个网络支付体系提供货币流转的支撑和清算结算服务，掌控着接入标准和模式，处于基础的地位。一方面，银行通过网银系统可以直接服务于应用层的用户；另一方面，在基础支付层提供统一平台和接口的基础上，一些具有较强技

中国网络支付安全白皮书

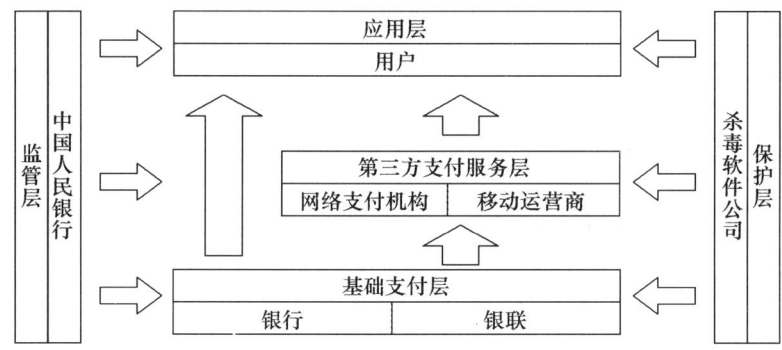

图 5-1 网络支付产业链
资料来源：课题组分析整理。

术的网络支付服务商对银行接口进行集成、封装等二次开发，形成了产业链的中间层——网络支付服务层。

（2）网络支付层是在与多家银行密切合作，在银行提供基础的支付平台和商业银行结算服务的基础之上，为用户提供支付服务的网络支付机构。网络支付服务层中主要包括网络支付机构和移动运营商两大类主体。在当前的业务模式之中，这两大主体之间既存在着竞争关系，同时也相互合作。例如，移动支付中的近端支付模式和远端支付模式是通过移动通信网络直接将基础支付层的银行、银联和应用层的用户联系在了一起，与持牌网络支付机构提供的网络支付服务属于相互替代的关系；但是，用户也可以选择通过手机连接到持牌网络支付机构提供的网络支付平台的支付模式，在该模式下，移动运营商网络提供网络渠道，而网络支付机构则提供支付服务。

（3）作为应用层中的用户（含商户和消费者）在整个网络支付体系中处于使用者的角色，既可以在网银等基础服务层提供的平台上直接进行交易，又可以与网络支付层对接，开通网络支付账户并进行交易。

（4）另外，以杀毒软件公司为典型代表的保护层的主要功能是防范钓鱼、木马、黑客攻击等各类影响网络支付安全的技术风险，为整个网络支付体系，特别是互联网渠道的正常运转保驾护航；而作为我国网络支付主管部门的中国人民银行，是体系之中的监管层代表，主要职能是针对非支付行为犯罪和支付风险建章立制，对于洗钱、恐怖融资等犯罪进行严格防范，对于创新业务和支付牌照进行管理，对消费者进行教育和保护，重点防范系统性风险的出现。

二、网络支付产业链各方对网络支付安全与效率的诉求

总的来说，网络支付产业链上的任何一个主体都具有强烈的对安全和效率的追求。但正如第二章所分析的，立足于不同的视角，不同主体对于网络支付安全与效率的关注点或诉求也各有特点。清晰地了解与分析各个主体在网络支付业务中的安全、效率诉求是进一步分析合作事宜的前提。

（一）产业链各层典型主体的安全、效率诉求概览

表5-1 网络支付产业链各层典型主体的安全与效率诉求概览

典型主体	安全诉求	效率诉求
银行及银联（基础支付层）	（1）从产业链角度来看，因其自身支付安全程度较高，因此并非网络支付体系的关键安全节点 （2）在网络支付业务中，其安全诉求呈"二元性"特点：对自身网银系统提供的网络支付服务有很高的安全诉求；而在为各网络支付机构提供支付指令传递的转接服务时，因不直接面对外部欺诈、违法违规交易以及网络外部环境的风险，安全诉求相对较低	效率诉求同样呈现"二元性"，对自身服务的效率诉求通常高于转接服务的效率诉求

续表

典型主体	安全诉求	效率诉求
网络支付机构及移动支付机构（第三方支付服务层）	(1) 是网络支付安全承上启下的关键节点 (2) 支付安全是其生存与发展的基础，对于网络安全、账户安全、信息安全及资金安全的诉求极高 (3) 对与网络支付安全相关的外部环境及配套机制等因素的关注度相对弱于对支付安全的关注度	希望在满足安全需求的条件下充分提高效率，有迎合用户更高效率需求的冲动和压力，希望在安全、效率及成本之间取得合理平衡
用户（含商户、消费者，应用层）	(1) 是网络支付安全的基础节点，也是最广泛、最容易出现问题的节点 (2) 当前条件下，用户是网络支付风险的最终承担者，因此安全诉求极高且要求范围最广，不仅对个人信息安全、账户安全、结算安全等与支付有关的安全事项，还对配套的各类机制[1]有很高的诉求	网络支付效率的主要诉求者，希望在安全的基础上不断提升网络支付服务的效率，用户体验是影响网络支付机构安全与效率抉择的重要因素
杀毒软件公司（保护层）	(1) 是网络支付安全的外部参与者，但其提供的安全保障技术服务是决定和影响网络支付安全的重要外部因素 (2) 其对网络支付安全的关注和跟进主要基于自身发展的需要	对网络支付技术类风险因素的高效反应是其市场竞争力的重要组成部分，这一点与其他产业链各方"不谋而合"
中国人民银行（监管层）	(1) 基于法定义务，是网络支付安全最重要的外部关注者 (2) 其关注点涉及面广，既与支付行为的微观安全事项相关，也与法律环境、消费者权益保护、系统性风险防范等宏观安全事项相关；这一点与用户安全诉求的广泛性相对应	网络支付安全的重要诉求者，同时也希望在安全的基础上不断提升网络支付服务的效率，但安全诉求第一位，效率诉求第二位

资料来源：课题组分析整理。

---

[1] 如退货（款）理赔、投诉、风险查处等。

（二）安全、效率诉求的合作重点领域

在概览各典型主体的安全、效率诉求后，不难看出产业链各方在支付安全与效率的大部分领域是一致、甚至重叠的，差异主要表现在个别领域的安全诉求强度不同，这为产业链各方的安全合作提供了必要的基础。围绕第三方支付服务层这个关键的安全节点来说，其与其他各层在安全、效率方面合作的重点领域主要有如下几个方面。

1. 与基础支付层的合作重点

（1）确保网络支付交易流程的顺畅，尤其是转接渠道的安全、高效，特别注意交易数据转接接口建立后的变更、优化需要协调同步；

（2）确保网络支付交易信息的完整体现，以保证资金流向的完整识别，满足差错处理、基础关系核查、反洗钱监控等事务的需要；

（3）各类不良支付信息、支付风险的及时提示与共享。

2. 与应用层的合作重点

（1）涉及网络安全、账户安全、信息安全及资金安全的全方位引导与合作；

（2）关注用户对网络支付配套环境、机制的合理需求，在力所能及的情况下努力适应用户体验的需要。

3. 与保护层的合作重点

建立与领先的互联网安全技术企业之间的风险信息共享、技术漏洞弥补、安全技术测试、应用机制，及时应对类似钓鱼、木马、黑客攻击等网络外部欺诈、犯罪技术的发展变化。

4. 与监管层的合作重点

（1）配合、支持监管层在营造良好外部环境方面的努力，如法规制度完善、用户安全教育和用户权益保护；

（2）针对网络支付微观行为（尤其是创新行为）可能引发的安全、效率影响，及时加强与监管层的交流沟通。

当然，必须看到，不同主体在个别领域安全诉求强度不同的差异，会导致合作的结果无法达到最优，更可能出现次优，甚至在差异较大的情况下难以深入合作的情况。

（三）我国网络支付产业链安全合作的薄弱环节

从我国的实际情况来看，目前网络支付产业链合作的薄弱环节主要有以下几个方面。

（1）针对网络支付产业链的立法尚不完善，整个产业链各个主体的行为规范与合作准则还有进一步完善的空间；

（2）网络支付机构的信息安全技术和内部风险管控还有待提高，尚未形成清晰的效率追求和安全需求之间的边界；

（3）除了监管层，网络支付产业链主体对于产业链安全问题多数缺乏全局意识；

（4）支付风险发生时，还缺少各方认可的风险共担规则，难以摊薄个体风险，进而影响整体安全；

（5）消费者信息安全防范意识较为薄弱，对网络支付安全责任义务、权益保护认识的教育有待加强；

（6）基础支付层在网络支付安全与效率中的"二元化"诉求，增加了绝大多数网络支付机构协调、推动基础支付层联合开展安全合作的难度；

（7）产业链各方在安全合作方面的比较优势还有待进一步发掘，建立在各层面之间优势互补或比较优势基础上的分工局面尚未形成。例如，监管层和用户层最广泛的安全需求基本一致，但彼此之间的对接还犹如"隔靴搔痒"。

三、我国网络支付产业链的安全关注点和安全合作基本思路

化解当前网络支付安全面临的主要风险因素是网络支付产业链安全合作的主要目标。根据目前我国网络支付面临的安全环境，结合上述薄弱环节，网络支付产业链安全合作的主要内容应围绕以下几个方面展开。

（一）资金安全

从整个产业链的角度来看，资金安全问题主要包括：沉淀资金安全问题，即网络支付机构所沉淀的备付金的规范使用和收益所属问题；洗钱等非法资金活动问题，即由于网络支付账户非实名制或实名制审核不严造成的洗钱等问题的出现；以及虚拟货币问题，即虚拟货币不受监管发行但可以购买实物的问题。这些问题均有可能带来企业及社会层面的资金不安全，进而有造成更大的风险的可能性。

在资金安全方面进一步加强安全合作的思路主要如下。

（1）备付金存管银行（基础支付层）与中国人民银行（监管层）在沉淀资金管理方面的合作；

（2）基础支付层与网络支付层在支付交易信息完整性方面的合作，以防范支付交易信息"割裂"或不完整导致的、明显的反洗钱监测漏洞；

(3) 网络支付机构虚拟货币的发行与中国人民银行统计监测政策之间的协调配合，防范虚拟货币可能对实体经济、货币政策造成的影响（尽管目前这种影响还微乎其微）。

（二）信息安全

信息安全是网络支付产业链上非常重要的一个环节。具体是指在网络支付、清算、退款等环节之中，支付信息和用户信息在安全、保密状态下运转，不受到恶意攻击和修改，确保网络支付流程得以正常运行。其主要内容包括：用户信息安全、支付信息安全、清算信息安全、防止病毒和黑客攻击、防止大规模网络瘫痪等。

在信息安全方面进一步加强安全合作的思路主要如下。

(1) 对于钓鱼、木马、黑客攻击等外部威胁，基础支付层、网络支付层都需要加强与保护层的安全合作，确保此类外部威胁因素的及时、共同防范，避免扩大化；

(2) 在大数据时代来临的情况下，监管层要会同基础支付层、网络支付层研究制定用户身份信息和交易信息的分析、利用规则，避免数据信息滥用可能给用户带来的负面影响；

(3) 基础支付层和网络支付层需要尽可能地减少数据传递、转接环节，并对彼此通过开放数据接口获取的另一方数据信息进行妥善的处理。

（三）各方认可的风险分担规则

目前，在诸多薄弱环节的影响下，我国网络支付产业链各主体缺乏系统性、体制化的安全合作。在网络支付安全方面，产业链各方基本处于"自扫门前雪"的状态。特别是在无过错责任的具体风险事件发生的责任认定上，还缺少合理的风险分担安排。这一方面与我国缺乏对于网络支付风险分担相应的法规制度规定相关；另一方面，则与支付机构"理性的自我保护"倾向不无关系，这在现有的用户与支付机构之间的协议之中表现得较为明显。

合理的风险分担思路是在确保整个网络支付体系健康稳定的目标下，在商业银行、支付机构、用户等多方合作的基础之上，依据过错推定、损失分散等原则，对各方认可的风险分担规则进行制定。这一规则是推动各类网络支付机构向安全保障义务的更高方向前进，进一步优化网络支付整体环境的关键。

（四）风险联合防范、化解的机制与能力培养

在网络支付蓬勃发展，所涉及的机构和个人数量巨大，其业务逐渐渗透到传统行业的情况下，目前网络支付行业面临的各种风险成为阻碍其进一步发展的重要问题。网络支付的发展，要求产业链各方必须建立更加紧密的合作关系，建立风险联合防范、化解的机制，从让整个产业链集体受益的角度出发，共同、积极地应对和化解各项风险。

风险联合防范的主要思路是：在完善相应立法规定的基础之上，一方面可通过全网联合防控、安全联盟、共建黑名单、风险信息共享等方式对于风险进行联合防范化解；另一方面，也需要各主体加强人员培训交流、经验共享及消费者教育，在不断地遇到问题、分析问题、解决问题的过程中，提高自身风险防范应对能力以及与产业链上其他机构之间的沟通协作能力。

四、推动我国网络支付产业链安全合作的具体建议

综合前述的网络支付安全合作关注点和具体思路,未来加强网络支付产业链各方安全合作的重点措施应当包括监管层的用户的法规制度完善、网络支付层和基础支付层的全网联合防控、保护层对安全技术风险的快速反应,以及用户安全和权益保护意识的强化。相关具体建议如下。

(一)完善监管立法和配套措施为安全合作提供制度保障

在我国,随着网络支付的快速发展,相关立法和监管也在逐步完善的道路上摸索前进。2005年4月,《电子签名法》正式实施。该法规定可靠的电子签名具有与手写签名及盖章同等的效力。同年,中国人民银行出台《支付清算组织管理办法(征求意见稿)》和《电子支付指引(第一号)》;并在2009年组织特定非金融机构登记核查的基础上,于2010年6月颁布了2号令。目前,与欧盟的监管原则类似,未经中国人民银行批准,任何非金融机构和个人不得从事或变相从事支付业务。网络支付机构只有取得《支付业务许可证》后才能提供支付服务。这种牌照制度解决了国内网络支付机构市场准入的基本问题。但是,在推动市场健康、规范发展,确保网络支付安全、效率方面,网络支付行业仍然面临着许多问题,需要监管层对其法律制度进行全面的构建。在网络支付安全方面,包括监管的重点是网络支付机构还是支付的过程本身,沉淀资金的监管和孳息的使用,机构经营风险控制,消费者权益保护、风险分担机制等事项都需要进一步的法规制度支撑,都需要监管层对产

业链其他相关层面的引导与提示。

（二）通过监管层介入的身份信息共享，强化对反洗钱反套现风险的控制

用户身份识别是反洗钱工作的基础，其中不仅包括建立业务关系时的登记、留存用户身份信息资料，还包括通过"勤勉尽责"的方式，了解用户及其交易目的和交易性质，了解实际控制用户的自然人和交易的实际受益人。

在网络支付业务全程非面对面的环境下，网络支付机构反洗钱工作面临较大挑战。一方面，在用户识别时难以实现对所有用户（特别是付款方）的实名认证，用户身份识别存在先天不足；另一方面，受银行对用户信息保密等因素影响，网络支付机构获取的付款方信息极其有限，其对交易性质异常交易判断工作亦受影响。由于自身独特的业务模式和资金交易特点，网络支付机构在反洗钱方面"先天不足"，影响了反洗钱工作的有效开展。如网络支付业务中，付款方使用银行卡支付或充值时，付款银行向网络支付机构提供的支付信息中付款方的银行账户名称及账号均未包括在内。

从安全合作的角度出发，洗钱套现风险可以通过用户身份信息共享、可疑支付订单网络机构协查等方式防范。通过中国人民银行反洗钱监测中心介入的安全合作，网络支付机构可以引入银行（基础支付层）持有的用户真实身份信息，可以使得交易变得更透明，更安全。用户身份均可以通过银行得到最有效的验证，确保交易双方的真实性，并且可以通过征信系统查询双方的信用报告，确保双方信誉的真实性。通过银行验证的交易，就如同面对面的付钱提货，透明度和安全性都有了大大的提高。

当然，基于安全和隐私的理由，与网络支付反洗钱相关的身份信息共享需要在相关法规制度的保障下才能有序受控的进行。特别是网络支付机构对在反洗钱监测过程中共享的身份信息也应当承担类似银行的保密义务并限制其"滥用"。

（三）以合理的激励机制推动"钓鱼和不良用户黑名单"共享机制的建立

网络支付钓鱼和不良用户黑名单制度对于提前预防盗卡、恶意套现交易，减少资金损失有显著作用。但由于部分大的网络支付机构缺少分享精神，中小网络支付机构没有付费机制，产业链本身也缺少强有力的组织者，而一直未能成型。这反映了网络支付产业链的安全合作并非"一拍即合"。在风险控制能力与风险控制成本正相关的情况下，少数风险控制能力较强的网络支付机构在投入资源帮助产业链防控风险的同时却无法得到商业上的回报。同时，部分受益机构也顾虑重重，担心自己的用户信息、业务数据等被其他机构掌握。除此以外，在黑名单信息共享中还有大量搭便车的行为。

网络支付产业链上要实现联合风险防控应当建立起合理的激励机制，比如按照"谁承担风险，谁制定规则"的原则，鼓励风险控制能力强、安全资源丰富的企业牵头进行产业链安全的创新实践，增加安全管理的输出，提高整个产业链的风险控制水平。特别是，对于目前我国网络支付行业存在的热点问题：高风险用户、商户、区域、IP地址等黑名单问题，更应由风控能力强的企业带头进行行业安全联防协作，探讨成立共建钓鱼黑名单制度。

第五章 产业链上的安全合作与分工

(四) 加强产业链各方的人员交流与培训

对于那些风险管理能力较强的各网络支付公司而言,风险控制技术是其核心机密,保密意识强烈。目前,为了提高整个网络支付机构的风险管理意识和素质,中国人民银行、中国支付清算协会都曾组织商业银行与网络支付机构的高管和风险控制部门负责人进行培训,但商业银行和网络支付机构双方从交易信息的验证、对风险管控体系的协作与案件协查等诸多合作上还有很大的提升空间,同时商业银行和支付机构也应当协助监管部门完善行业风险控制的法律法规。

除了支付产业链内部的资源,整个电子商务甚至互联网生态系统中还有诸多分散的安全力量。例如,杀毒软件、系统商、浏览器和即时通讯工具等都拥有很强的风险管理技术或资源。这些技术和资源可以按照网络支付机构的要求进行相应的组合对账户信息泄露和交易风险形成监控网。

强化产业链各方人员的培训与交流是整合这些风险防控积极因素的重要措施。除了依靠相关监管部门定期组织的网络风控方面的培训外,银行与网络支付机构之间,乃至整个电子商务系统的各主体之间,应加强人员之间的交流,并建立定期相互培训的制度,以使得产业链中各环节的工作人员对网络支付风险管理技术都有全面、更新的了解和掌握。

(五) 产业链各方合力推动用户安全教育和权益保护

整个产业链普遍存在重安全技术手段、轻用户风险教育的倾向,这导致用户的安全防范意识不够、安全感普遍不足,这是影响我国网络支付安全水平进一步提升的重要原因之一。

目前,在用户安全教育方面,商户、商业银行和网络支付机构往往是各做各的,各自着眼于自己的利益诉求。例如,商户的安全教育侧重于识别商品挑选中的误导、退还及纠纷处理,对支付安全的宣传较少;商业银行的安全教育侧重于通过新闻媒体宣传其安全工具,对各种钓鱼事件闭口不谈;而网络支付机构则侧重在微博和主页上发布对钓鱼木马等网络欺诈的防控提示,其传播范围相对比较狭窄。

实际上,对于大多数网络支付用户而言,无论是用卡安全意识还是网络风险意识都比较低,必要的宣传教育,可以帮助用户认识各类风险因素,规范用户的网上支付行为。安全教育作为事前防范工作能起到非常重要的作用。通过真实的案例介绍、相关规定的解读,揭示网络支付风险。尤其是对于不法分子的账户信息盗窃、交易欺诈、洗钱套现等行为通过广泛的用户教育来进行事前防范能起到良好的效果。

例如,对于钓鱼欺诈,需要长期与商户合作,通过媒体引导、安全教育专题宣传等形式,培养用户良好使用习惯,谨慎打开陌生人发送的链接或者文件,提高警惕性。对于交易欺诈,则可以通过对用户编写防诈骗手册、视频等方式进行用户教育,提高用户交易安全意识,提醒谨慎使用即时到账方式与陌生人交易,安装必要的杀毒软件并对系统定期升级,在网购过程中应提高警惕,不轻易接收和点击陌生人发送的图片和链接等。

表5-2 我国部分网络支付机构的安全宣传情况

网络支付机构	安全宣传方式
支付宝	旺旺实时提醒、邮箱安全教育推送、短信安全提示
财付通	实时QQ管家提醒
快钱	商户交流活动中安全介绍以及每年一次的安全主题媒体宣传活动

资料来源:易观智库2011年调研报告,课题组。

(六) 其他风险联合防范措施

交易风险防范合作：商业银行与网络支付机构建立风险合作与联动机制。如商业银行风险监控系统发现可疑支付订单，可传递给网络支付机构进行协查，网络支付机构应积极配合银行查证、追溯、拦截交易。又如，商业银行和支付机构共同对套现持卡人的信用卡采取止付、降额等措施，真正触动持卡人的实际利益。

声誉风险防范合作：网络支付机构建立官方微博、微信等互联网新闻发言人平台，由该平台定期发布权威信息，同时建立微博、微信用户服务中心，对于用户面临的风险事件第一时间给予回应和解决。一方面网络支付机构应该和门户网站的新闻频道以及微博、微信等建立声誉风险的联动机制，对于非实名恶意造谣煽动的言论进行监控，进行及时有效处理。另一方面，网络支付机构应注重微博、微信等平台上的营销行为的规范，防止在官方微博及微信上出现无法兑现承诺的情况。

第二节　网络支付信息安全风险的联合防控

在对网络支付产业链安全合作进行总体分析的基础上，本节将围绕网络支付信息安全，详细分析产业链各方在强化信息安全中的具体分工。之所以选择信息安全进行详细分析，主要是因为与资金安全相比，信息安全与互联网渠道更为密切相关，这是网络支付双重特性带来的新的风险点。

一、网络支付面临的信息安全风险综述

结合目前网络支付机构广泛采用的网络信用中介模式以及商业银行网银系统主要采用的支付网关模式的网络支付流程，从信息流的维度加以剖析，信息安全事件主要发生在以下四个环节：信息生产环节、信息传输环节、信息接收环节，以及信息存储和管理环节。其中大多数信息安全事件主要发生在信息传输和信息存储、管理两个环节。例如，易观国际研究表明，账户信息和密码泄露是最为常见的信息安全事件，由此导致的资金损失占比分别为24%和33.9%[1]。

---

[1] 易观国际："中国第三方网络支付安全报告"，2011年。

结合第二章网络支付风险因素的论述，网络支付的信息安全涉及多个层次的多重风险因素。首先，从支付业务的视角来看，实名制的实施在夯实网络支付整体环境基础的同时，也加大了个人信息泄露风险且技术漏洞可能影响网络支付安全性。其次，从支付行为当事人的视角来看，网络支付的信息安全涉及操作风险、存量数据信息安全管理风险、信息传输风险、计算机系统风险、突发事件和业务中断风险等。

二、国内外网络支付信息安全合作的典型经验

信息安全是网络支付风险防控中的核心环节，而网络支付风险是一种在互联网环境下的支付风险事件。由于网络支付是带有现金流的数据库，其数据价值更大。因此，近年来对电子商务系统，尤其是网络支付体系的攻击变得更加频繁。很多网络支付安全事件，不法分子使用的工具和攻击其他网站的工具都是一样的，网络支付产业链不同层面、不同主体之间以建立信息安全和风险传播联合防控机制为核心，进行跨主体的信息安全合作可以有效提高信息安全防护的效率，快速提高信息安全防护水平。

需要说明的是，网络支付机构大多脱胎于互联网企业，以现代科技见长，因此目前产业链内各主体之间开展的合作多局限于技术层面，而非业务层面。必须强调业务层面的合作，尤其是业务连续性工作，对于防范支付业务风险、维护整个行业稳定具有非常重要的意义，也是网络支付产业链各主体之间合作的未来发展方向。

（一）国外信息安全防控合作

在国外成熟的互联网生态中，通过协作进行全网的信息安全联合防控机制早已经是成熟模式。

例如，2011 年 11 月，谷歌、Verizon、英特尔、McAfee、微软和 Savvis 共同加盟云安全联盟（Cloud Security Alliance）创建了一个自愿项目，该项目会提供有关合作企业是否遵守该联盟推荐的云安全规范的公共信息。用户通过查阅加盟企业此前提交给云安全联盟"安全信任与保证注册项目"（Security Trust and Assurance Registry，简称 STAR）的报告可以评估该企业产品和服务是否满足其安全需要。用户可以通过联盟评估其云计算服务商对公司治理、全面风险管理和合规审查（GRC）的管理情况。全美最大学生贷款机构 Sallie Mae 就要求云服务厂商通过 STAR 文件展现他们的安全性。STAR 项目要求加盟企业填写有关他们是否遵守云安全联盟最佳规范的自我评估报告。

（二）国内信息安全防控合作——以支付宝为例

国内的信息安全联合防控机制主要功能是预防用户信息泄露、交易欺诈、洗钱套现以及病毒的威胁。

例如，支付宝从 2009 年就启动了绿色支付生态圈计划，与淘宝网、金山、傲游共同在反钓鱼网站、保障用户网络信息安全方面进行合作，拦截了大量假冒网站，降低用户网上风险。

2010 年 8 月，支付宝与多家银行启动风险联防计划。通过与银行的紧密合作，在支付端增强订单来源智能判别机制，对引导到该付款页面的用户身份属性进行判别，当账单与付款人不匹配时停止支付服务，从而有效保障用户资金安全。该项目上线后，相关案件发生率降低 98%[①]。

从 2010 年开始支付宝联合阿里集团建立了反钓鱼实时信息库，并将这个信息库开放给外部的安全厂商、浏览器厂商等合作伙伴，为其拦

---

① 易观国际：《中国第三方网络支付安全报告》，2011。

第五章 产业链上的安全合作与分工

截屏蔽钓鱼攻击提供支持。目前这个反钓鱼信息库已经是国内电商领域最大的反钓鱼数据库,包括微软、腾讯、金山、瑞星、江民、新浪、搜狗、火狐、傲游等在内的一大批国内外知名厂商都是这个反钓鱼生态链的合作伙伴,支付宝每周向这些伙伴贡献上万条有价值的钓鱼数据。

根据支付宝发布数据显示,仅2012年上半年,支付宝与反钓鱼联盟成员联手屏蔽了超过13.3万个针对网购领域的钓鱼网站,占到全球总的钓鱼网站屏蔽量的39%。

2011年6月,支付宝联手商业银行、安全公司、浏览器、网络支付、电商企业等百家企业成立安全支付联盟。安全联盟将通过成员间共享技术、数据、情报,实现更为紧密的合作。

表5-3　　　　　　安全联盟合作内容及对象

合作内容	合作对象	参与机构
木马病毒、钓鱼、远程控制攻击的防御	业内同行	财付通、盛大、联通、联动优势、快钱、易宝
	安全厂商	金山、瑞星、ESET、卡巴斯基、赛门铁克、360、腾讯
	浏览器	IE（7/8/9）、Google Chrome、Firefox、傲游、360SE、腾讯TT
钓鱼网站传播、木马文件传播、可信网站认证、可信邮件识别	即时通讯软件	阿里旺旺、腾讯QQ
	邮件厂商	163邮箱、Yahoo邮箱、QQ邮箱
钓鱼、木马威胁联防	银行	工商银行、建设银行、招商银行、农业银行、交通银行、中国银行
钓鱼网址侦测和关停、域名注册预警、屏蔽、关停	行业协会联盟	中国反钓鱼联盟APAC
	外部安全供应商	RSA、Netcraft、Mark Monitor

资料来源:课题组整理。

2012年6月，微软与支付宝宣布达成战略合作，将运用设备健康模型共同为用户开发全新的支付安全防御体系。一直以来，用户设备系统的安全防御与支付应用多处于"孤岛"状态，导致支付应用服务不能及时向用户提醒设备系统安全状态，无形中增加了支付交易安全防护风险。未来当用户使用Windows操作系统登录支付宝时，Windows安全中心会将用户电脑的健康状态传递给支付宝。如果用户的防火墙没有打开，或者没有安装有效的病毒防护软件，支付宝会主动提醒用户，并引导用户打开防火墙或安装病毒防护。这将帮助用户有效提升自身设备的安全性，并减少缺乏安全保护、易受感染的电脑的数量。

2012年9月，支付宝牵头成立国内互联网商户首个安全联盟，大众点评、美团、58同城、库巴、汇元网等30多家电商成为第一批加盟成员。商户安全联盟通过安全技术、数据的共享，帮助商户提升交易安全防御级别，实现电子商务生态安全体系从支付端，向电商平台的完善。

除了帮助电商防御传统的木马、钓鱼安全威胁外，"支付宝商户安全联盟"将重点对用户资料泄露所引起的安全风险进行联防布控。支付宝为联盟制定了全新的联防标准，配合反钓鱼技术、防控方案和产品，帮助电商更好地辨识账户登录状况，监控异常风险交易，阻止木马程序和钓鱼链接，从而防止不法分子盗用联盟商户的账户，或使用盗用账户在联盟商户内购物并获利。通过联合安全防护，电商由于用户账户、银行卡信息被盗引发的支付安全风险案件量，以及支付资金损失均可以下降90%左右，效果非常明显。

三、产业链各方在信息安全方面的分工要点

在网络支付产业链中,根据其在产业链中扮演的不同角色及功能分工,网络支付产业链上的各个主体在确保信息安全上也应该具有与之相对应的分工机制。

表5-4 网络支付产业链信息安全分工概览

主体	信息安全分工要点
网络支付机构及移动支付机构(网络支付服务层)	(1)建立、健全信息安全流程;(2)规范与支付服务相关的硬件、软件管理;(3)可靠的网络安全措施;(4)规范账户信息及安全设备(密押、密钥、数字证书等)管理;(5)事关业务连续性的应急、灾备体系建设;(6)主动加强合作,改善网络支付服务的外部环境
银行及银联(基础支付层)	(1)保护敏感数据,使用安全方案;(2)确保信息均可追溯以及实时欺诈监控和可疑交易识别;(3)对端口进行恰当保护,数据传输过程中进行加密;(4)保持机房安全、网络安全,确保主机安全、应用安全、数据安全,做好业务连续性备份等
商户(应用层)	(1)妥善处理和保管订单、产品、用户身份、支付工具等敏感信息;(2)不储存任何涉及支付的敏感交易数据,处理付款人敏感数据的网络商户有必要对其负责管理欺诈交易的员工进行适当的培训,并定期更新培训内容;(3)注意在退款、交易等各个环节订单、产品、用户等信息的传输和保存
用户(应用层)	(1)妥善保管个人身份识别信息(包括密码、U-key、数字证书);(2)培养、树立安全支付的意识和习惯,保护密码,安全凭证、个人详细信息及其他秘密信息;(3)通过安装并升级安全组件保持个人电脑的安全性;(4)培养和树立反欺诈意识,确认使用的是真实的互联网支付网站;(5)养成良好的网络支付习惯

中国网络支付安全白皮书

续表

主 体	信息安全分工要点
信息安全厂商（保护层）	（1）通过开发安全有效的杀毒软件等为支付链上的其他主体，包括银行、支付机构、用户、商户，甚至于监管机构中国人民银行提供完整的一站式安全解决方案；（2）遏制木马、病毒、远程控制攻击，提供可信的网络网址认证，对钓鱼网站的侦测和关停，域名预警等服务
中国人民银行，中国支付清算协会	（1）建立完善的法规制度，监督支付机构加强信息管理，确保用户信息安全；（2）监管数据库中支付机构资质等材料的妥善保存；（3）加强行业内信息安全的合作等

资料来源：欧央行网络支付安全建议[1]，课题组研究整理。

（一）网络支付机构的信息安全分工的重点

网络支付机构对于安全快捷支付需求的响应是网络支付产业兴起的必要条件，并且很多网络支付机构掌握着先进的 IT 技术并事实上承担着整个产业链风险控制的职能（如快捷支付模式下的支付宝），因此，支付机构毫无争议地成为整个产业链确保信息安全，防控系统性风险损失的核心，应制定更为完备的信息安全流程、硬件软件保护机制、网络安全机制以及业务可持续性计划。

1. 支付机构的信息安全流程建议

支付机构的信息安全分工主要包括信息安全流程、硬件软件保护机制、网络安全机制，以及业务可持续性计划。其中，应把完善支付机构内部的信息安全流程放在首要位置，具体措施包括：

---

[1] Recommendations for the Security of Internet Payments, European Central Bank, April 2012。

第五章　产业链上的安全合作与分工

（1）网络支付机构应该加强制度建设，强化制度约束。建立完善的信息管理及保密制度，加强管理与自查，特别是对重要环节的管理与检查，切实防范信息泄漏。

（2）网络支付机构需建立信息安全制度，并指定专人负责信息安全制度的建立、分发、复查和培训；需每年复查信息安全制度，重新评估安全控制及过程；员工需定期接受适当的安全培训，培训内容包括各类安全制度、信息系统运维手册和应急预案等；需审查录用员工的技术能力和背景资料，并签署适当的保密协议；需建立不同类别信息安全事件的报告程序，并且让所有的员工都知晓；鼓励相关员工都需注意及报告系统或服务任何可疑的安全弱点或威胁；需对报告的安全事件建立相应的安全机制来处理。

（3）网络支付机构需要加强信息保管，确保信息安全，要对用户身份基本信息及交易数据等各类信息建立严格的档案管理制度，实行专人专岗管理，妥善保管、使用、传递、销毁信息，严防信息泄漏。支付机构在终止用户服务时，应与其他支付机构建立完善的用户信息及交易数据的交接手续与流程，严防信息在交接过程中流失、泄漏。

具体而言，为了从源头上维护信息安全，必须建立完善的信息安全流程，建议采取表 5-5 中的 11 类措施在不同的方面完善其安全流程。

表 5-5　　　　网络支付机构信息安全流程建议

建　议	要　点
管理	正式的安全方针、定期进行审查；指定专门文件；定义岗位责任；管理敏感支付数据
风险识别及评估	定期开展风险识别及薄弱点评估；考虑技术方案、外包提供商等
监测和报告	确保对安全事件的集中监测、处理和追踪，包括与安全相关的用户投诉

中国网络支付安全白皮书

续表

建　议	要　点
风险控制和降低	提供多层防护，增加防护深度，对网站和后台服务器加强防护；限制与以下的接口：（1）敏感数据；（2）逻辑上和物理上的关键资源，如网络、系统、数据库、安全单元等
可追溯性	应具有确保所有的交易能被恰当追溯的程序；服务包含详细记录交易信息的安全机制，如交易连续编号、交易信息时间标志、参数更改以及交易信息接口等
初始的用户识别，信息	配备必要的识别程序；关于用户设备、软件或其他工具如反病毒软件的要求；安全凭证遗失时应采取的措施；检测到滥用时应该采取的措施
强用户验证	敏感信息需要强验证；提供多种支付服务的支付服务提供者可考虑对所有的互联网支付服务使用一种验证工具
登录尝试、超时、验证的有效性	应限制验证尝试的次数，制定支付超时的规则，并设定验证有效性的时间限制
交易监测和授权	在交易执行前预防、发现、阻止欺诈支付交易的安全监测和交易授权机制应实时运行；可疑和高风险交易应在执行前经过特定的检查和评估程序；拥有实时欺诈监测和阻止系统识别可疑交易
敏感交易数据的保护	在存储、处理或传递时应保护敏感交易数据；用于识别或验证用户的数据或文件应针对盗窃、未授权接口或修改进行恰当保护；在数据传递过程中使用加密技术
用户认知，教育和沟通	向用户提供互联网支付服务的帮助和指导，确保其收到的信息的完整性和真实性；和用户保持持续沟通；处理用户所有的问题和帮助请求

资料来源：欧央行网络支付安全建议①，课题组研究整理。

2. 硬件、软件及网络安全保护建议

除了制定必要的流程保护信息安全之外，网络支付机构还应该在机

---

① Recommendations for the Security of Internet Payments，European Central Bank，April 2012。

第五章 产业链上的安全合作与分工

房、主机等硬件和系统应用等软件以及网络方面符合类似金融业的信息安全标准。

首先，网络支付机构需设立相应的流程并采取必须的措施确保存储交易数据和用户敏感信息的场所——机房的安全。包括但不限于：①按照国标建立机房安全管理制度；②分区域进行管理和防护；③使用人工或闭路电视监控；对于值班记录等重要运维资料需要保留一定的期限以及定期更新相关制度、规范、流程等。

其次，网络支付机构在确保机房安全的基础上需要采取进一步的措施确保主机和数据安全。包括但不限于：①限定网络支付机构对用户信息的访问权限，不允许存储除用于交易清分、差错处理所必需的最基本的账户信息之外的机密信息；②定期对设备进行检查，确保运行安全，保留变更升级记录，对关键软件参数进行备份；③对核心支付系统数据每日进行增量备份，定期进行全备份，备份数据需同城异处存放，定期进行备份数据恢复，对核心主机系统软件的更改和升级实行内部管理控制。

第三，在确保支付层硬件的安全性的基础上，网络支付机构需要采取措施，加强网络安全防护。采取的措施包括但不限于：①委托网络安全检测机构对支付系统进行一次漏洞扫描；②防止非授权用户访问内部网络中敏感数据，在网络边界及核心业务网段处清除恶意代码；③在互联网接入处布放防火墙并保留安全日志和分析结果。

第四，网络支付机构需要对在业务创新中的进行的应用程序开发活动进行安全控制。可以采取的措施包括但不限于：①设置专门的测试组织和招聘专职的测试人员对程序进行全面测试；②搭建仿真度高的模拟运行环境，新开发的应用程序必须通过模拟环境试运行等。

3. 业务连续性安全要求

业务连续性安全要求主要包含技术、支付业务和配套管理机制两个层面。业务连续性的核心是确保服务不中断以及一旦中断后的及时恢复与影响最小化。技术层面的业务连续性要求包括以下方面。

（1）支付机构需制定信息系统运行安全应急预案和应用系统安全应急预案，定期查阅并更新，并至少每半年演练一次。每次应急处置或演练需有书面记录。

（2）制定包括病毒感染、网络攻击、数据丢失或被篡改、业务连续性被破坏等事件在内的安全应急预案，并指定专门的负责员工，时时更新；每次应急事件处置后须有日志和总结。

（3）重要的服务器采用双机备份，防火墙、路由器、交换机等网络设备均需有热备份；定期进行备份数据恢复，以检验备份数据的有效性。

国内目前很多网络支付机构，都已经注意到了业务连续性的重要性，并在技术上全部或部分采取了上述措施。但业务连续性不仅仅牵涉到技术问题，还需要结合支付业务和配套管理机制，而这恰恰是目前在业务连续性保障方面的薄弱环节。

从业务渠道考虑，业务连续性要求包括以下五点。

（1）支付服务中断后备份渠道的建立，如近年来每逢淘宝"双11节"多家银行网银系统出现震颤甚至中断。

（2）建立健全因备份或替换渠道导致的成本增加分摊机制，具体可以由中国支付清算协会牵头设立备份基金等。

（3）及时向监管机关报告并向社会公告支付服务中断的重大事项

第五章　产业链上的安全合作与分工

把影响降到最低限度。

（4）建立与服务中断相关的用户服务投诉处理流程。

（5）建立健全机构内部的应急管理机制，甚至包括针对竞争对手利用业务中断展开的恶意竞争所制定的预案，多方面确保业务连续性。机构内部的应急管理机制是否能够有效面对业务连续性的诸多问题，甚至包括竞争对手利用业务中断而开展恶意竞争的情况都要考虑在内。

（二）消费者的信息安全分工

消费者作为网络支付服务的最终消费者和最终风险的承受者，是网络支付信息安全防控中的重要一环。和传统模式相比，网络支付大大降低了用户发起支付的门槛，但支付流程高度依托网络的特征也使得整个支付行为暴露在各类病毒、欺诈、钓鱼网站、黑客、木马和其他网络攻击之下，出现了新的风险。因此，用户作为网络支付信息安全的重要责任人以及第一道防线需要做到以下几点，以提高警惕，保证个人信息、支付信息的安全，防止金额被修改、账户密码被盗以及其他未授权操作。

（1）妥善保管账号、密码、数字证书等个人敏感信息；

（2）养成安全支付的意识和习惯，保存好支付验证工具，如U盾、支付口令卡等；

（3）安装杀毒软件等安全组件并定期更新，以保持电脑不受病毒木马的入侵；

（4）加强对电话、短信等非接触方式的交易欺诈、网络欺诈和商户欺诈等多种类型的网络欺诈的认识，并提高警惕；

（5）主动学习、了解网络支付安全的各类知识，追求有安全保障的效率。

（三）商户在信息安全中的分工

商户属于卖方终端消费者，和网络支付用户一样，使用网络支付产业链提供的支付服务。商户在网络支付过程中面临的最大的风险当属流动性风险，信息安全层面更多的是如何处理和保存交易过程中获取的用户信息和交易信息。具体而言，商户需要：

（1）建立订单、产品、用户身份、支付工具等交易过程中产生的敏感信息的保管和处理制度；

（2）尽量不储存和用户服务无关的其他敏感数据，对于有必要存储的敏感数据网络商户应建立相应的流程以及对相关人员进行相应的培训；

（3）确保用户信息在退款、交易等环节的传输和保存过程中的安全。

（四）中国人民银行和中国支付清算协会在信息安全中的分工

鉴于网络支付服务中的用户信息包含用户在社会经济活动中产生的大量交易信息以及用户的隐私及商业数据，因此政府监管层需要加强用户信息保护，保护网络支付服务中相关当事人的合法权益。

（1）监管当局应建立完善的法规制度，监督支付公司加强信息管理，确保用户信息安全。

（2）督促网络支付机构加强制度建设，强化制度约束。建立完善的信息管理及保密制度，加强管理与自查，特别是对重要环节的管理与

第五章 产业链上的安全合作与分工

检查，切实防范信息泄漏。

（3）中国人民银行和中国支付清算协会可对支付机构信息安全的表现进行评级和打分，并在市场准入、牌照展期政策和日常监管实践中考虑信息安全水平。通过正向引导和激励，最终提高全行业的信息安全水平。

| 专题 | 银行及银联的信息安全分工 |

　　银行、银联和网络支付机构之间的关系可以用"爱恨交加"加以形容。银行对网络支付机构的"爱"体现在网络支付机构可以帮助银行、银联扩大交易额，"恨"的是传统支付清算市场份额被抢夺；网络支付对银联"爱"的是在"银行—银联—支付机构"的清算通道中，需要和作为基础支付层的银行和银联的配合，"恨"的是银联和银行联手压缩网络支付机构的生存空间，并在合作中倚仗股东背景的优势和在行业中的特殊地位强行推行自己的标准，有"霸王条款"之嫌。随着网络支付机构的壮大和支付体系的发展，银行、银联和网络支付机构之间开展信息安全合作的需求更为急迫，具体形式可以多种多样，但总的原则是银行、银联和网络支付机构应该在平等的竞争环境和监管环境下开展业务和信息安全方面的合作，以此创造双赢，提高整个行业的信息安全水平。在信息安全合作方面，银行、银联可以承担的分工职责包括以下几点。

　　（1）分享长期积累的支付清算信息安全防控经验和做法。银行和银联在经历了前些年大量的信息技术更新改造投入后内部的信息安全水平已经处于产业链中相对较高的位置。银行和银联作为支付产业链的基础层，最终的支付清算实现高度依赖二者，因此，二者在网络支付信息安全分工中具有不可比拟的重要地位。支付宝、快钱等网络支付机构本质上是以互联网IT技术见长的互联网企业，但是其从事的网络支付业务具有明显的金融服务属性，在支付清算业务层面的积累相对较浅。

（2）跨界合作、优势互补。银联在其业务发展中，其一部分业务模式和网络支付机构有相似性，如银联无卡支付也是采用对各银行接口的集成、封装等二次开发这个商业模式。因此，银联在支付清算业务和信息安全方面的优势完全可以和网络支付机构互补，通过开展跨主体合作来实现"鲶鱼效应"：一方面加快信息安全技术和业务知识在网络支付产业链各主体间的扩散，另一方面补足网络支付机构的短板，进而提高整个网络支付产业链的总体安全水平。

（3）在具体业务层面，网络机构和银联之间可以在商户准入、用户资料和风险水平以及反洗钱套现方面开展合作；共享交易监控和分析技术并且在案件协查和追损方面建立一定的合作机制。这对于提高网络支付机构的信息安全水平也大有裨益。

银联信息安全防控的三大目标是降低系统损失、合理控制成本以及保护用户体验。鉴于信息安全的复杂性和综合性，建议建立完善的信息安全机制和五步工作流程，包括监控设计，信息安全系统，风险核查，风险报告和风险分析。银联的信息安全风险控制分为事前控制、事中控制和事后控制。在事前控制方面，银联通过产品端的风控设计及评审、商户管理及准入、权限控制等手段使欺诈者无法进入支付系统。在事中控制方面，通过风险监控及干预、案情跟踪以及分析与评估来准确识别并限制欺诈者。在事后控制方面，通过协查、追损、赔付和信息安全反馈改进减小损失，防患未然。

第五章　产业链上的安全合作与分工

表 5-6　银联信息安全防控

信息安全控制		具体手段
事前控制	产品层面	双因素验证、验证短信提示订单信息、输入框控件、安全提示及欢迎语、图片验证码、密码错误次数限制
	商户准入	发展合规商户、全面的商户入网风险评估、对存在风险隐患的商户及时提示收单机构
	权限控制	对高风险用户、普通风险用户以及低风险用户指定不同的单笔最大金额和单卡单日累计上限限制
事中控制	规则监控、关联分析、行为分析、案件评估	
事后控制	案件协查	交易订单号、商户、交易内容、交易IP、充值账户、账户注册信息、送货地址、交易卖家、卖家注册信息、是否有套现嫌疑、是否虚假交易
	追损	三方通话机制、冻结未发货货物、冻结账户的款项
	安全反馈	总结风险事件、根据反馈改进信息安全

资料来源：银联互联网风险防控专题①，课题组整理。

四、产业链各方信息安全合作与分工的其他事项

（一）信息安全和风险管理的防控外包——中小网络支付机构

事实上，由于投入有限，许多中小网络支付机构无法自行创建一个安全的防御系统。因此，对于支付行业内信息安全技术和风险控制能力比较强的公司可以横向拓展产业链，替代目前信息安全和风险控制外包市场主流的互联网公司，通过为行业内其他公司提供信息安全和风险防控的一揽子解决方案来最大限度发挥自身优势，创新盈利模式。

---

① 王佳亮：银联互联网风险防控专题，2012年3月。

但目前在信息安全和风险控制外包市场主流的还是拥有强大研发能力的互联网公司。目前，有不少著名互联网企业都在纷纷开拓网络支付安全市场。根据市场调查机构 Gartner 的数据，信息安全市场到 2015 年时，将达到 710 亿美元规模。例如，IBM 就致力于提供类似的服务。IBM 旗下 QRadar 智能安全平台可以实时分析来自超过 400 个不同源的数据。QRadar 通过对企业 IT 基础设施上的数据流进行实时分析，并结合已知的安全漏洞和黑客行为，以鉴定非正常的操作举动。类似 QRadar 可以鉴定在多次尝试登录失败后，紧随着是一次成功的登录，再接着是将大量的信用卡信息上传至有问题的网站服务器上。

但是必须强调的是，从长期来看网络支付机构如果想要做大做强还是应该建立自己的风险控制体系，逐渐将外部的风控技术融入自己的信息安全和风控系统中。

（二）信息安全合作创新

目前，已经有诸多互联网机构甚至金融企业直接或间接进入了网络支付安全领域。网络支付机构可以将其安全产品（账单管理、飞机晚点管理、安全支付险等）打包引入自己的用户服务体系中。例如，2012 年 8 月平安、阿里巴巴、腾讯三家共同筹划合作的保险公司就为网络支付安全合作引入新的想象空间。

第五章 产业链上的安全合作与分工

第三节 网络支付产业链各方风险分担规则建议

风险分担规则的建立是改善网络支付整体环境、强化网络支付行业稳定发展基础的重要措施，也是集中体现网络支付产业链各方合作的重要内容。建立风险分担规则的目的主要是考虑网络支付在互联网与支付结合的双重特性下，存在诸多不确定因素可能导致的风险，特别是在无过错方的情况下，风险如果由产业链的某一方单独承担明显有失公平。本节将在分析我国网络支付产业风险分担现状的基础上，借鉴国外经验，提出相关建议。

一、当前我国网络支付风险分担的现状

目前我国网络支付风险分担的现状主要是：产业链主体缺乏合作，基本上是各扫门前雪；缺乏关于网络支付产业链各主体（主要是网络支付机构、银行以及用户[①]）之间风险分担的明确统一的规定，实际风险产生后的责任承担主要是依据双方之间签订的协议，而由于协议多是

---

① 这里包括交易的买卖方，即真正的付款方和收款方。

网络支付机构拟定，出于自我保护的考虑现行的协议多倾向于将风险让用户承担，缺乏系统性的责任明确、风险关联的控制体系。

（一）产业链主体缺乏合作

目前，我国网络支付产业链乃至整个电子商务系统，在风险控制问题上都维持着一种松散而不平衡的状态。尽管降低门槛和提高风控毫无疑问是整个产业链的共同利益，但由于各方诉求不同，同时缺少激励机制，几乎所有企业都各做各的风险控制方案，没有做到对风险控制的协同操作和相对统一的风险管理标准。

首先，在实际操作中，商业银行、网络支付机构与商户的合作非常有限，特别是商业银行与网络支付机构之间的管理理念存在较大差异。如，对于商业银行，其主要利益来自于即期的息差收入，由于传统的支付结算业务中基本上没有大规模资金损失的风险，在网络支付领域大规模投入安全技术并不值得。并且，由于没有相应的风险准备科目用于核销网络支付可能产生的大额资金损失，为避免此类风险事件银行倾向于通过限额或更复杂的安全工具等来降低用户使用效率。但对于网络支付机构，降低用户使用门槛是整个电子商务生态的原则性要求，需要在效率和风险中寻求平衡，用利润来弥补风险，并通过互联网技术来控制风险。

其次，在具体业务对接上，同一产业链上下游企业也存在风险管理的分工不明确、账户安全级别不对等、搭便车等行为。目前，商业银行的实名制账户都是由用户本人持身份证直接到网点柜台开立，为强实名制；网络支付机构由会员在线上提供实名身份信息比对公安网和银行验证后确认，属于弱实名制；而商户的账户体系只用于识别付款人及地址，至于购买者是谁并不重要，因此没有实名制要求，属于非实名制账户体系。目前国内很多电商平台没有建立有效的安全监控系统与规则，难以给用户网络交易带来更多安全保障。例如，按照中国人民银行要求，网络支付机构的账户都采用实名制，而发行和购买虚拟币的账户未采用实名制，就出现了大量网络盗窃资金通过商户虚拟账户购买游戏币销赃的情况。

第三，在具体业务合作协议上，由于网络支付机构与银行之间竞合关系一直存在，双方都是从自身利益最大化出发争取更大的议价能力，合作协议似乎更多注重在收益和成本上的分配，对风险控制方面的合作和分担考虑不足；并且，随着网络支付平台资金方面功能的日益丰富，加上不同银行间的竞争，银行在网络支付的竞合中日益被动，更难以发挥其在风控方面的经验和优势。网络支付机构（或银行）与用户之间的合作协议基本是网络支付机构（或银行）起草的，用户几乎只能遵照执行，用户在公平地分担风险收益方面虽有意识但缺乏话语权。

（二）缺乏明确统一的风险分担规则

2010年中国人民银行颁布的2号令正式将网络支付机构纳入监管范畴，但该办法主要是出于网络支付服务监管的目的，并未过多涉及风险分担。目前国内还没有出台专门的法律对网络支付各主体之间的风险分担进行规范。在现行法律框架下，网络支付相关的风险似乎只能适用一般的合同法或侵权法，但由于网络支付机构在风险承担上的多重性，即既有传统金融机构电子支付所面临的经营风险、操作风险等，也会在网络支付功能的技术提供与担保中承担风险，依据传统的法规可能带来各主体间的利益不平衡问题①。

(三) 格式化协议难保公平

以《支付宝服务协议》②的部分规定为例:

"如您发现有他人冒用或盗用您的账户及密码或任何其他未经合法授权之情形时,应立即以有效方式通知本公司,要求本公司暂停相关服务。同时,您理解本公司对您的请求采取行动需要合理期限,在此之前,本公司对已执行的指令及(或)所导致的您的损失不承担任何责任。"此规定对"合理期限"的模糊定义,似乎让网络支付机构在责任归属问题上更有话语权,并让用户承担了更大的损失不确定风险。

"您经由本服务之使用下载或取得任何资料,应由您自行考量且自负风险,因资料之下载而导致您电脑系统之任何损坏或资料流失,您应负完全责任。"按理说,既然是通过使用网络支付机构服务取得的资料,支付机构应对该资料有一定的了解和甄别,也应对用户至少承担一定的提醒责任,而不是完全让用户自行考虑和自负风险。

"在法律允许的情况下,本公司对于与本协议有关或由本协议引起的任何间接的、惩罚性的、特殊的、派生的损失(包括业务损失、收益损失、利润损失、使用数据或其他经济利益的损失),不论是如何产生的,也不论是由对本协议的违约(包括违反保证)还是由侵权造成的,均不负有任何责任,即使事先已被告知此等损失的可能性。"按此

---

① 李莉莎:第三方电子支付风险的法律分析,《暨南学报》,2012年第6期,第51~57页。
② 资料来源: http: //help.alipay.com/lab/help_detail.htm?help_id=211403。

第五章 产业链上的安全合作与分工

规定，网络支付机构似乎排除了一切间接损害赔偿责任，即使事先已知道该损失的可能性。

由上述例子可发现：对于支付机构自身所需承担的责任，定义略有模糊；而对于让用户承担的风险或损失，则列举得比较详尽；在网络支付风险分担上，用户处于弱势地位，网络支付产业链各方的责任分担并不公平。

二、电子支付风险分担的国外经验

当前日益复杂的网络支付风险需要网络支付产业链各主体的通力合作来防范和化解，而探索并制定各方认可的风险分担规则是关键环节。

虽然网络支付既不同于传统的支票、信用证等支付模式，也不同于金融机构的电子支付业务模式，但由于目前我国网络电子支付通常都是利用信用卡或借记卡充值来实现的，风险分担规则可参考国际上相对较完善的关于借记卡或信用卡电子支付的风险分担规定。

（一）未经授权的支付风险分担

该风险是指在数据的处理、传输过程中发生的假冒、伪劣、盗窃等活动所导致的未经授权而产生支付的风险。这既可能是上文提及的网络支付风险中的账户、支付指令与支付工具、网络支付信息的传输安全中出现问题造成的，也可能与网络渠道风险中的普通欺诈、钓鱼和木马以及合规风险中的信用卡套现有关。

由表5-7可看出，在国外特别是在英美法系中，对于信用卡的未授权划拨的风险责任大部分由发卡银行和商户承担，消费者或持卡人只在一定适用条件下承担较小部分的责任；而我国台湾地区颁布的《信用卡定型化契约范本》所确立的风险分配机制，与发卡人承担大部分责任的原则不同，而是按照不同情况规定让持卡人或银行承担，但可看出：只要持卡人无欺诈及重大过失，并办理了挂失停用手续，大部分责任还是由银行承担。

表5-7 国际上与信用卡授权划拨相关的部分法律规定

法规	具体规定	评价
美国的《借贷诚实法》（1968年制定）及实施该法律的《Z条例》	只要消费者及时通知发卡行，则不负担任何责任，但对消费者通知发卡行前的信用卡被无权限使用所带来的损失，消费者最高责任限额为50美元	有助于促进信用卡的持有人迅速地通知信用卡发卡行、防止信用卡的无权限使用；而基于发卡人承担责任的原则、让享受开发信用卡安全体系最大受益的银行承担提高安全性的责任具有一定合理性
美国《电子资金划拨法》（1978年制定）和实施该法律的《E条例》	持卡人如能在借记卡发现遗失或被窃后的两个营业日内通知金融机构，则其责任不超过50美元；如持卡人未能在发现遗失或被窃后的两个营业日内通知金融机构，则其责任也不得超过以下金额中的较小金额，（A）500美元，（B）在消费者得知遗失或被窃后的两个营业日结束后，或在如长途旅行或住院等可宽限的合理的更长期间结束后，按规定通知金融机构前，发生的未经授权的支付金额。该法还规定了涉及诉讼时由金融机构承担举证责任	更多强调消费者在借记卡使用中所享有的权利以及对金融机构的限制，为持卡人提供充分的保障

续表

法规	具体规定	评价
英国的《银行业惯例守则》（1994年修订的）	在持卡人的信用卡遗失或被盗或有人获悉密码通知银行前，对于信用卡被盗用所造成的损失，持卡人最多承担50英镑的责任；要使用户承担损失，银行必须能够证明用户存在欺诈的故意和重大过失	专门对小额电子资金中的未授权划拨的责任归属做了明确的规定
我国台湾地区的《信用卡定型化契约范本》	第一，由持卡人承担全部冒用风险，主要适用于持卡人有欺诈或重大过失行为的情况；第二，冒用风险自持卡人办理挂失停用手续时起由发卡行负担，主要适用于在自动化设备预借现金部分，以及条款中列举的持卡人虽无欺诈或重大过失但严重违反信用卡要求的行为；第三，冒用风险自持卡人办理挂失停用手续之前24小时起由发卡行负担，主要适用于持卡人既无欺诈或重大过失，也无其他严重违反信用卡使用要求的行为	规定了三种冒用风险分配方式并用列举方式明确适用的条件

资料来源：课题组整理。

（二）支付瑕疵的风险

指网络支付机构发生支付错误、支付迟延或没有支付等状况给用户造成损失的风险。包括：支付机构及其内部工作人员过错而造成支付中断或迟延；支付机构必要的系统停机维护造成支付服务终止；网络原因而造成支付服务中断或迟延；不可抗力因素造成的业务中断或迟延[1]。该风险主要与上文经营风险中操作风险和技术风险、网络渠道风险中的

---

[1] 李莉莎：第三方电子支付风险的法律分析，《暨南学报》，2012年第6期，第51~57页。

计算机系统风险有关。

由表 5-8 可见,国际上,对于操作风险责任的承担一般是根据过错原则①来确定的,但同时也要考虑经济学上的损失分散原则②:由于用户在资金、技术及风险管理分散上处于相对劣势,银行或网络电子支付机构应承担特殊的义务,以维护交易的公平。

表 5-8　　国际上与电子支付操作风险相关的部分法律规定

法规	具体规定	评价
美国《统一商法典》第4A篇	支付指令表述有误:当存在对受益人情况误述,不能确定受益人时,受益人代理行有权不接受发端人代理行的支付指令,发端人代理行应将款项退回发端人。由此造成利息及其他损失,由发端人自行承担 支付指令错误(非欺诈情况):若因支付指令有误导致了损失,该损失应由发端人承担。但是,若发端人做到以下三点,则损失应由指令接收人承担:第一,发端人完全按照其与接收人约定的错误检测安全程序发送了支付指令;第二,接收指令人未遵循约定的安全程序;第三,若接收指令人完全按照安全程序行事,损失不会发生 支付指令执行错误:由指令执行者承担损失——当出现超额或重复付款时,代理银行仅能要求发端人支付其指令范围内的金额,对超额部分,应按不当得利规则要求受益人返还;当出现支付短款的情况时,代理银行除应补足短款外,还应赔偿支付迟延的利息	较好地分配了电子支付各主体的风险责任

---

① 谁产生交易的错误,谁承担有关的损失。
② 指当损失实际发生时,应当将损失分配给能以最小成本分散损失的一方当事人。一般而言,能以最小成本分散损失的一方通常是拥有更多的经济资源且处在最优位置能以最为有效的方法去分散损失的人。

续表

法规	具体规定	评价
美国《电子资金划拨法》以及《E条例》	要求发卡机构对其操作差错给消费者造成的损失承担全部责任，而不问其主观状态如何。除了赔偿直接损失外，还要支付消费者合理的律师费用，如发卡机构发生未按法律规定的程序处理等多种情形，消费者有权追加2倍于实际损失的赔偿金额。发卡行的免责事由只有三个：一是用户存在过错；二是不可抗力；三是发卡机构已经发现错误，并采取积极措施进行纠正，包括通知用户、纠正错误等。但是，即便如此，发卡机构也要承担用户的实际损失	商户和持卡人几乎没有任何义务，而发卡机构基本承担全部责任

资料来源：课题组整理。

对于技术风险，据许欢（2011）[①] 的研究，国际上通行做法是根据设备所有人或实际控制人的归属来划分责任：如果设备的所有人或控制人是网络电子支付机构的话，则该风险直接由其承担；如果是网络服务中心，则依据合同相对性原理，应该先由网络电子支付机构对因该风险受损害的消费者承担损害赔偿责任，然后再向网络服务中心追偿。这在一定程度上是遵循了经济学上的损失减少原则[②]：将网络支付机构对用户的赔偿责任限于直接损失，一是避免由于网络支付机构承担责任过大而收费标准过高，妨碍电子支付产业的发展，二来要求一般经营小额资金划拨的网络支付机构承担巨额间接损失有失公平。

[①] 许欢：第三方电子支付的责任归属研究，上海交通大学，2011年。
[②] 指在双方都有能力防范损失发生时，关键看谁更有能力以最小的成本减少损失，也就是说看谁处在防止损失发生的最佳位置，就让该方当事人承担该支付损失。依据损失减少原则，有效率的损失分担法律规则就是以当事人在支付过程中所处的位置为基础，将损失分配给以最低成本采取预防措施以避免损失的一方当事人。

三、风险分担的依据原则及分担规则建议

风险分担的本质是风险和收益在支付链不同主体之间的分配,如果简单地把信息安全看作风险成本,把盈利作为效益和收益的代理变量的话,我们可以得到以下风险 - 收益公式:

$$产业链上的成本收入比 = \frac{单笔交易收入 \times 用户关注度 \times 下单率 \times 支付成功率}{商户及支付机构经营成本 + 用户交易成本 + 风险损失}$$

在上述公式中,用户关注度和下单率是商户需要完成的工作,而支付成功率则由网络支付机构和用户共同完成,在信息安全上的大量投入可以大大减少风险损失,但与此同时也会大大增加商户及网络支付机构的经营成本,两者是互为权衡(Tradeoff)的关系。

在风险分担的依据原则方面,根据网络支付固有的特点、格式合同的特点和用户(包括上述公式中的用户与商户)的弱势地位,用户与网络支付机构或者用户与银行之间的风险分担规则应依据过错推定责任原则[1][2]和损失分散原则,这主要是因为:

(1)网络支付过程的各个环节都涉及管理软件、大型服务器和互联网等先进技术,且用户与网络支付机构或者银行一般不面对面进行交易,若让用户承担举证责任,不仅会因专业知识的局限而难以提供举

---

[1] 过错责任原则是指在一方当事人违约后,由对方当事人举证证明其主观上有过错并根据其过错大小承担合同责任;而过错推定责任是过错责任原则举证倒置的结果,即涉嫌违约的当事人应举证证明自身无过错。

[2] 李莉莎:第三方电子支付风险的法律分析,《暨南学报》,2012 年第 6 期,第 51~57 页。

证，也不利于网络支付机构或银行的正常经营。

（2）网络电子支付（银行）与用户的合同通常是由网络电子支付机构（银行）起草的，个别普通用户也难以与专业支付机构（银行）抗衡，若仍让用户承担举证责任则显得不公平，相反应对用户采用"特别保护"。

（3）由于网络支付机构（银行）在技术等方面更专业，交易规模和资金方面更有优势，从而在风险管理和分散方面成本更低。因此，网络支付机构和银行比一般用户更有能力预防、控制和分散风险，因而应对在风险分担中负重要责任。

而对于网络支付机构与银行之间，由于双方合作协议通常由双方商议而定，且双方在产业链自身负责的环节中具有一定的专业性和较大的规模，所以它们之间可依据"谁过错谁承担"或者"谁受益谁承担"的原则，遵照相互之间订立的合约以及适用的规定来分担风险。比如，备付金存管银行对网络备付金使用负有法定的监管义务，双方订立的合作合同中应约定好发生备付金风险事件的情况下如何分担损失。

值得注意的是，由于我国网络支付还处于初步发展阶段，很多服务还是免费提供，若不分情况地让网络支付机构承担过重责任，有可能约束其发展活力，长期来看不利于我国网络支付行业的发展。因此，在风险分担原则中也可考虑在一定程度上以盈利分配作为激励变量，采用"谁投入谁受益""谁承担风险，谁制定规则"的原则。具体而言，在信息安全方面投入大、信息安全合作贡献多的产业链主体应该更多地分享产业链上的利润。这样把激励和成本相匹配，有助于激励产业链上各主体增加信息安全投入的积极性，也有助于解决信息安全投入搭便车等外部性问题。

综合参考上文所述的国外经验及我国实际情况，网络支付风险的分担规则可考虑如下方面。

若对于欺诈性或人为恶意造成的损失，可借鉴台湾地区对于未授权划拨支付风险的处理规则：

（1）有故意欺诈或重大过失的用户对未授权支付风险负全部责任，无故意欺诈或重大过失并做到尽快向网络支付机构和银行挂失的用户，挂失前的损失由用户承担，挂失后的损失由网络支付机构或银行承担；

（2）挂失前的未授权划拨风险，如果网络支付机构或收款人未尽善良管理人责任的，应当和被冒用者共同承担风险；

（3）提供技术的服务提供方如网络支付机构承担举证责任，即当发生未授权划拨支付情况时，网络支付机构须举证证明冒用发生在挂失前且已尽善良管理人责任，或证明用户有故意欺诈或重大过失。

若对于非人为恶意因素造成的风险，可参考上文中关于支付瑕疵风险的国际经验，网络支付机构或银行等服务提供方无论是否存在过错都应承担损失赔偿责任，服务提供方之间则应该可根据出错的服务环节或设备的所有方来归属责任，若是共同提供的则遵照相互之间认可的合约规定来分担；同时为了避免无过错责任的消极影响，网络支付机构等服务提供方承担的损失责任应限于直接损失，并确立适当的免责规定，如：对于不可抗力因素造成的业务中断或延迟可免责。网络支付机构等服务提供方还可通过购买保险来进一步分散风险。

而从提高整个产业链风险控制水平来看，接触交易机会最多、风险控制能力最强、最有机会通过风控工具创新来降低风险损失、并且在网络支付领域最有经验的主体，应该承担更多职责，把系统性风险降低到最小程度，提高整个产业链的信息安全水平和风险控制水平。

第六章

网络支付创新与合规互动

网络支付作为近年来兴起并快速发展的新生事物，创新是其赖以生存和发展的原动力。不断地降低支付门槛，不断提升支付安全与效率是行业圣经。与此同时，伴随着行业规模的不断扩大，网络支付领域很多的创新突破了原有法律法规的界限。如我国《商业银行法》中规定只有持有金融许可证的商业银行等金融机构被允许吸收存款，但在网络支付过程中，大量的沉淀资金①留存在网络支付机构，使之变相地有了吸收存款的功能，这便触及了原有法律框架的空白地带。创新与合规的互动是动态观察网络支付安全与效率的重要方面，本章将在国内网络支付创新与合规互动的典型案例分析的基础上，简要分析网络支付机构创新与监管机构合规性要求之间的安全与效率平衡的推动因素。

---

① 此处沉淀资金即备付金，指支付机构持有的用户预存或留存的货币资金，以及由支付机构代收或代付的货币资金。

第六章 网络支付创新与合规互动

第一节 网络支付领域创新与监管的碰撞性互动

创新与监管的互动关系具有三个主要特点：其一，创新往往是市场行为，具有自发性特征，而监管通常是政府行为，目的是在法律层面明确从事支付服务的非金融机构的合法性及其支付服务的规范、支付安全的保障、风险的管控、风险责任的承担等。其二，创新在前，监管在后。国家为支持网络支付行业的发展，在其发展初期总是给其提供宽松的环境，但发展到一定程度特别是高速发展时，监管部门就会着手进行管理，提供必要的、有效的规范、监督与管理，以保证行业继续健康发展。其三，创新可能在合规范围之内，也可能突破了原有的合规要求，或处于规则空白领域。本节重点介绍、分析网络支付创新可能带来负面影响的案例。

一、网络支付创新对现行货币体系和经济金融秩序造成干扰

某些网络支付领域的创新使得监管机构的法定职能和主要政策目标受到挑战，主要包括虚拟货币对现行货币体系的扰乱以及对实现反洗钱、反

套现等维护经济金融秩序目标构成障碍等。有研究指出，网络支付平台的大量滞留资金易导致风险，其发行的虚拟货币可能对实体货币造成冲击，从而带来金融风险[①]；网络支付技术的创新在降低支付门槛的同时，赋予了网上支付行为的隐蔽性和网上交易记录的缺失，构成对反洗钱体系的冲击[②]；网络支付的技术创新在一定程度上助长了网络违法犯罪活动，如非法洗钱、信用卡套现、网络赌博、逃税漏税等[③]。

例如，网络游戏中广泛流通的虚拟货币一旦和现实中的法定货币对接，将会严重扰乱现有货币体系，破坏金融体系和现实经济的秩序。因此，中国人民银行加强了对网络游戏中虚拟货币的规范和管理，防范虚拟货币冲击现实经济和金融秩序。严格限制了网络游戏经营单位发行虚拟货币的总量以及单个网络支付消费者的购买额；严格区分虚拟交易和电子商务的实物交易；并且进一步规定网络游戏经营单位发行的虚拟货币不能用于购买实物产品，只能用于购买自身提供的网络游戏等虚拟产品和服务。而消费者如需将虚拟货币赎回为法定货币，其金额不得超过原购买金额。同时，严禁倒卖虚拟货币。违反以上规定的，由中国人民银行按照《中国人民银行法》第32条、46条之规定予以处罚。[④]

又如，网络支付机构曾经推出的信用卡向网络支付虚拟账户充值等服务原本是一种很好的支付手段创新，既丰富了消费者充值的方式，又提升了消费者的消费能力。此外，从宏观层面来说也有利于促进消费，

---

① 刘建伟：第三方支付平台风险控制问题探讨，《金融理论与实践》，2010年12月。
② 吴晓光：第三方支付机构对用户的信用评级机制初探，《南方金融》，2010年12月。
③ 李绪亮：第三方支付监管问题研究．《现代商业》，2006（1）：234-235。
④ 文化部网站，《关于进一步加强网吧及网游管理工作的通知》（文市发（2007）10号），2007年9月。

第六章 网络支付创新与合规互动

进而扩大内需。然而，在社会信用环境不健全的情况下，该项创新业务对打击信用卡套现、防范信用卡不良支付以及商业银行的信用卡业务规范发展产生了负面影响，最终被叫停。

具体来说，在传统支付体系中信用卡不能实现对储蓄卡（借记卡）的充值，而在信用卡对网络支付机构账户充值的业务中，可以通过先用信用卡对网络支付账户充值，之后再将网络支付账户中的款项提现到储蓄卡（借记卡）中"两步走"方式，实现零成本套现。此外，鉴于我国没有个人破产制度，而信用卡消费本质是一种个人信用贷款，允许信用卡向网络支付虚拟账户充值可能会助长道德风险，在银行体系内积累大量的风险，同样不利于维护现行经济金融秩序的政策目标。

此外，根据逆向选择原理，信用好，未来现金流完全能够覆盖信用卡还款的个人鉴于信用卡套现对个人声誉以及个人信用所造成的损失，其占优策略为不通过网络支付机构参与信用卡套现活动；而对于信用比较差或者根本没有还款能力的个人而言，利用网络支付机构进行信用卡套现的低成本、低门槛和高收益使得他们更可能参与到信用卡套现中，进而导致信用卡坏账风险集聚到信用相对较差的个人，最终给银行和社会造成损失。

二、跨领域支付创新对反腐倡廉、税收征管等政策目标形成干扰

在一个相互关联的支付服务市场上，由于很多网络支付机构同时持有预付卡发行和（或）受理的牌照，因此也需要关注跨领域的创新活动与监管规则之间的"碰撞"。以下个别银行与预付卡企业联合创新变

相逃避监管的案例反映了传统支付与新兴支付相结合可能带来的创新与合规的碰撞性互动。某银行与两家支付机构以预付卡备付金监管的名义发行带有银联标识的预付卡。购卡人在购买以上几家支付公司的预付卡后，可以使用该银行发行的磁条预付卡在银联商户消费。该创新业务在形式上能够同时满足消费者、支付机构和银行的诉求：对于消费者而言，这类预付卡可以在有银联 POS 机的任何商户消费，用途广泛；对于支付机构而言，此类卡由于带有银联标识，可以在所有银联商户上消费，免去了开拓商户的成本；对于银行而言，一方面吸收预付卡备付金增长存款，另一方面预付卡通过银联渠道的刷卡消费可以增加中间业务收入。此外，该类预付卡还可以被用作避税目的，购买预付卡和消费时可以开两次发票，对于购买这些卡作为福利发放的公司来说，可以做低利润和应纳税所得额，达到避税的目的，因此非常受欢迎。截至中国人民银行叫停之时，该银行与上述两家网络机构合作共出售了预付卡 15000 多张，金额达到了数千万，其中有数百万已经被消费。

　　这一业务模式是以支付机构预付卡备付金监管的方式，通过后台系统的连接实现的，而实质则仍是商业银行和支付机构合作发行带有银行卡发卡标识代码的磁条预付卡。这直接违反了《国务院办公厅转发人民银行、监察部等部门关于规范商业预付卡管理的通知》、《中国人民银行关于规范银行业金融机构发行磁条预付卡和电子现金的通知》等文件中规定的"金融机构未经批准，不得发行预付卡"、"商业银行不得发行或与其他机构合作发行磁条预付卡和非实名电子现金"等有关规定。中国人民银行据此认为该银行及 5 家预付卡支付公司违规。监管层对此类支付创新容忍度较低，并果断叫停的深层次原因主要是预付卡发行受理领域的放松管制和业务创新不利于政府反腐倡廉、打击"小金库"、税收征管等社会管理政策目标的实现。

此外,从金融服务管理的角度来看,带有银联标识的预付卡其风险和收益不匹配,银行在其中承担了给预付卡支付机构提供银联清算服务通道以及在市场营销方面提供增信的角色,就其业务模式而言,银行本身并不对发行机构资质、合规性以及风险进行任何实质性的审核和评估。在目前金融消费者尚不成熟,刚性兑付是行业惯例的情况下,金融消费者会自然而然地假定银行兜底,银行实际上承担了该产品绝大部分的风险。因此,此种产品的需求量会大大高于市场出清时的均衡需求量,对预付卡市场和金融市场的竞争秩序形成扰乱。

上述两类案例中,网络支付创新和监管发生碰撞性互动的根本原因是创新突破了监管机构的政策底线,监管机构对于支付创新在某些方面的容忍度较低:对于动机不纯(并不针对合法、合理需求的、纯粹的商业动机),影响更高层次政策目标(如维持货币体系稳定、反腐倡廉等)实现的创新必将及时禁止。相对而言,监管部门对真正致力于改善网络支付安全与效率的金融服务创新就会"宽容"很多。

第二节 网络支付领域创新和监管之间的良性互动

一、监管目标与支付创新良性互动的基本机制

监管部门对于网络支付监管的总体目标是建立一个完善、安全、高效的网络支付体系，并维持其稳定可持续发展，以此促进社会经济增长和发展。具体的监管目标大致可以划分为以下三个层次：首先是需确保网络支付体系和整个支付体系的安全和高效，这也是中国人民银行等监管机构对零售支付的监管目标。其次是加强消费者保护，在金融危机后各国都加强了金融消费者的保护，为此，美国还专门出台了《多德弗兰克法案》，并设立金融消费者保护局专司其职。具体到网络支付领域，网络支付机构和消费者之间存在信息不对称，其明显的外部性需要监管机构进行监管，保护消费者的利益。第三，需要维持现有经济金融秩序的稳定，实现反洗钱，反套现、防范系统性风险、避免货币政策受到干扰等政策目标。

在考察用户层、网络支付服务层、监管层等三方之间围绕支付服务创新的良性互动，及其相互影响、相互联系的行为时需要首先从用户层的需求出发。用户层对支付手段方便、快捷和安全的需求是网络支付领域用户

第六章 网络支付创新与合规互动

层、网络服务层和监管层良性互动的基础。作为监管层来说，也非常鼓励以安全快捷为核心的支付创新，并尽量减少管制，保持其创新的活力，同时减少监管成本。例如，在2号令实施细则中，中国人民银行并未将社保卡、公交一卡通以及电信运营商的电话充值卡纳入预付卡监管范围，其主要原因就是这三类卡用途限定性强，不会对货币金融体系等造成扰乱，同时又被广泛使用，为老百姓提供了安全快捷的支付手段。

结合上一节支付创新和监管之间的碰撞性互动分析，不难看出以安全、效率为核心追求的创新行为通常会和监管层产生良性的互动。通常情况下，只要是有利于监管机构上述总体监管目标和三大具体监管目标实现的网络支付创新就能够和监管之间形成良性互动。

二、网络支付创新和监管良性互动的国外经验

从国际经验来看，无论是美国还是欧盟都试图在加强监管和鼓励创新中间实现平衡，尽量保持网络支付机构创新的活力，鼓励以安全快捷为目标的市场创新行为。例如，美国政府主张尽可能地减少管制，以促进网络支付行业和与之密切联系的电子商务领域的发展。在其较为完善的监管体系下，美国尽量放松对网络支付机构的一些强制性要求，目的在于减少对网络机构创新的束缚。例如，《统一货币服务法》中没有对拟从事网络支付业务的网络机构设立注册资本要求，仅仅设立了资本净值维持的监管要求，要求开展业务的持牌网络支付机构维持不低于25000美元的资本净值[①]。在完善监管体系下相对宽松的监管环境大大

---

① 欧阳卫民：《银行卡法规选编》，中国金融出版社，2011年3月。

促进了美国网络支付行业的创新，使得美国成为全球网络支付和电子商务的领军者。

而欧盟则以稳健和审慎经营为目标，构建了电子货币机构审慎监管机制，在确保不发生系统风险的基本原则下，尽量减少监管冗余，促进网络支付技术和业务的创新。例如，欧盟在网络支付牌照发放规则中规定提交申请的网络支付机构只需要获得任何一个成员国的单一牌照，即可在欧盟其他国家开展网络支付业务。这样的政策环境促使欧盟的网络支付机构在监管机构审慎又不失宽松的情况下得到了迅速的发展。

三、国内网络支付创新和监管的良性互动

从国内目前的情况来看，网络支付机构的支付创新行为要和监管层形成良性互动需要紧紧抓住追求安全快捷这一网络支付机构赖以生存和发展的核心竞争力，进而提高全社会的支付清算系统的便捷性，这也是监管层所喜闻乐见的。国内领先的网络支付机构对此类创新业务已经有所涉足，支付宝的快捷支付和银联的无卡支付便是其中的典型代表。其次，网络支付机构在追求方便快捷的基础上需要确保安全性和合规性，可以通过开展交易担保等业务拓展价值链，这也符合监管层坚决守住不发生系统性金融风险的目标。

目前国内网络支付的良性创新主要集中在两个方面：第一，网络支付的服务创新高度依赖于技术进步，因为网络支付提供的网关服务实质上非常简单，也不存在技术壁垒，因此必须通过技术的创新来减少对银行的依赖。支付宝等机构着力在安全保障和机制创新方面进行创新，在简单的网关服务基础上附加价值增量，进行差异化竞争。第二，开展先

行赔付机制的创新,提高网购用户的信心,增强诚信体系,促进网络支付市场的发展①。

在产业链机制创新方面,随着网络购物的日新月异,对于方便、快捷、安全的付款方式的需求便应运而生,支付宝联合各大银行推出的创新产品快捷支付,拉紧了网络支付产业链,减少了钓鱼等风险。在该创新产品中,支付宝处于产业链的核心,由支付宝来代替产业链上各个主体进行全面的风险控制。

此外,支付宝还提供网络担保附加业务,承诺用户使用快捷支付如果遭遇被盗损失,支付宝将给予72小时全额赔付的承诺。先行赔付机制的创新提高了网购用户的信心,大大增强了买卖双方的互信。中国电子商务协会政策法律委员会副主任、中国电子商务法律网总裁阿拉木斯认为,快捷支付模式创新的成功,离不开银行和监管机构的支持,能够促进中国的经济转型并且拉动内需②。

从合规的角度来讲,快捷支付都是依托商业银行的银行卡等支付工具实现的,商业银行和支付宝开展快捷支付等类似的支付服务完全符合2号令的规定。这当中也体现了国家通过监督政策和法律法规去规范和支持行业创新的特点,显示了网络支付创新和监管之间的良性互动。

网络支付的创新和监管之间的良性互动使得快捷支付发展迅速。2012年11月20日支付宝宣布,支付宝快捷支付的用户数已经突破1亿。通过快捷支付服务,用户的网上支付成功率可以超过90%,而传统网银支付的成功率只有60%左右。

---

① 钟伟,顾弦:"第三方支付的创新趋势与监管思路",《中国金融》,2010年。
② "专家称快捷支付发展离不开监管支持",《北京晨报》,2012年1月6日。

不单单是支付宝，银联也在合规的前提下推出了相似的创新业务，即银联无卡支付业务（包括认证支付和快捷支付），和支付宝的快捷支付业务形成了直面的竞争关系。银联无卡支付的推出，也体现了国家通过监督政策和法律法规去规范和支持行业创新的特点，显示了网络支付创新和监管之间的良性互动。支付宝和中国银联在支付业务上的创新各有特色，充分体现了在充分合规条件下不同类型的支付机构发挥各自禀赋进行差异化创新的成果。

综上所述，网络支付创新和监管的良性互动体现在以下两个方面：一是监管机构在保持审慎监管，确保不发生系统性风险事件的前提下尽量减少管制，为网络支付机构以安全、效率为核心的创新提供灵活、宽松的政策环境；二是从支付机构的角度来说，支付机构在进行网络支付创新时，应严格遵守法律法规，确保合法合规，不触碰监管机构的政策红线，特别是以下四个方面的更高层次的目标：维护货币体系和经济金融秩序；保护金融消费者利益；反洗钱、反套现以及维持经济金融稳定，防止系统性风险的积累等。

第三节 创新与监管良性互动的推动因素

一、监管规则的不断明晰有助于网络支付创新

以中国人民银行为代表的监管部门将电子商务和网络支付纳入监管范畴,能够降低系统风险损失的概率、优化竞争和发展环境。同时,监管部门对于电子商务和网络支付在财税等配套政策上的扶持,也有利于推动网络支付创新,使得行业能够在外部环境不断优化的条件下实现持续繁荣。从网络支付行业发展中具有"里程碑"意义的2号令颁布实施的情况来看,其对中国网络支付行业的发展已经并将继续产生深刻影响。2号令从规章层面上第一次明确了网络支付机构所在的非金融支付行业地位及业务属性,设立了行业准入门槛,并从备付金安全、实名制规范、反洗钱与反恐怖融资、支付风险管理、用户权益保护等方面提出了监管要求。2号令出台后,整个行业的制度红利充分显现,整个网络支付行业发展进入了规范与创新并举、稳健与速度并重的良性、成熟发展时期。

二、政府规划的推出有助于引导网络支付创新

相关政府监管部门发布的各类发展规划,不仅包含着对网络支付创

新的政策扶持，同时也引导着网络支付创新的具体方向。例如，工信部等部门联合发布的《中国电子商务"十二五"发展规划》便很好地体现了政府监管部门对电子商务和网络支付创新行为的支持和引导。

（一）为网络支付领域的创新提供政策支持

《中国电子商务"十二五"发展规划》提出要在原材料、装备制造、消费品、电子信息、国防科技等重点工业领域深化电子商务应用，提高大型工业企业的供应链管理水平。引导大型工业企业提高网上集中采购水平；同时规划还涉及了中小企业电子商务的普及，支持网络电子商务平台品牌化发展，为中小企业提供信息发布、商务代理、网络支付、融资担保、仓储物流和技术支持等服务。这些领域将成为未来网络支付创新的主要增长点。在政策扶持下，网络支付机构的业务将不仅仅局限在电商交易平台和担保增信业务上，还可以拓展到供应链融资，数据业务等可以发挥自身信息流优势的业务；同时，还能够分享大型企业集中网上采购所带来的行业需求扩容。

（二）引导网络支付创新方向

《中国电子商务"十二五"发展规划》还提出要鼓励各类主体加强合作，拓展基于新一代移动通信、物联网等新技术的移动电子商务应用，推动近距离通信（NFC）、机器到机器（M2M）等技术标准的制定和应用。

《中国电子商务"十二五"发展规划》鼓励网络支付机构创新支付服务，丰富支付产品。鼓励发展国际结算服务，提高对跨境电子商务发展的支撑能力。鼓励电子商务企业与相关支撑企业（包括网络支付机构)加强合作,促进物流、支付、信用、融资、保险、检测和认证等服务协同发展。上述规划将引导网络支付机构将网络支付业务拓展到移动支付、跨境支付等新兴支付领域,调动网络支付机构"试水"移动金融、发展跨境结算业务的积极性;同时,引导网络支付机构与相关产业加强合作,结合支付清算对融资、保险、物流等配套需求的支撑作用,提供一揽子解决方案的创新支付产品。

(三) 完善网络支付基础设施

《中国电子商务"十二五"发展规划》还提出要提高电子商务的安全保障和技术支撑能力,认真贯彻《电子签名法》,进一步发展可靠的电子签名与认证服务体系,提高认证服务质量。同时,推动完善电子支付业务规则、技术标准,引导和督促支付机构规范运营;鼓励通信运营商加强宽带信息基础设施建设,提高新一代通信网络的覆盖范围和服务水平,积极开展成果转化、咨询培训等工作。上述与网络支付相关的基础设施建设工作,如加强安全保障,制定统一技术标准和规则,增加带宽等也将为网络支付机构进行业务创新提供了多方位的保障和强有力的支持。

三、对创新行为的识别、评估、咨询、监测和报告机制

网络支付机构的创新行为必然面临着一定的合规风险。但正如政府部门清晰、具体的规划积极影响和推动着网络支付创新,网络支付机构对创新行为的有效管理,也有助于其实现与监管的良性互动。网

络支付机构对创新行为有效管理的具体形式包括识别、评估、咨询、监测和报告机制。而在创新行为管理的思路上，鉴于网络支付兼具互联网和金融机构的双重特征，又具有明显的外部性和自然垄断特性，对于网络支付机构可以参考银行业的合规标准从严对创新行为进行管理。

网络支付机构可以对照《巴塞尔协议》中对于银行合规的控制流程、合规风险的控制框架来强化对创新行为的识别、评估、咨询、监测并建立相应的报告机制。

表6-4　网络支付机构创新行为合规性管理的参照要求

要点	具体职责
董事会承担最终监督责任	董事会有责任确保公司所制定的适当政策能够有效管理公司的合规风险，董事会还应监督有关规则的执行情况，包括确保合规问题都得到有效的解决
高级管理层制定合规流程	高级管理层负责制定合规政策，确保合规政策得以遵守，并向董事会报告，管理层还应负责评估合规政策是否适用。管理层应该每年至少一次评审合规政策及其执行情况，以确保政策仍然适用；每年至少一次向董事会及其下设委员会报告合规政策及其执行情况，包括提出任何必要的修改建议；在发生任何重大违反法律、规则和标准的情况时，及时向董事会报告
合规部门设置要求	管理层应该在公司内部常设合规部门，并确保其有足够的资源。公司合规部门应该享有正式的地位，在章程中明确合规部门的定位、授权及独立性，规定部门的功能和职责以及与其他内设机构的关系，获取必要信息的权利、事件调查权以及正式报告义务
合规部门独立性	合规部门应该具有独立性，能够自主地对公司所有的合规风险点进行识别、评估、资讯、检测和报告；合规部门有权直接向董事会及其下设委员会报告任何可能违规的情况，享有与任何员工沟通，获取任何记录和档案材料的自主权，其薪酬应该和其工作目标一致

第六章 网络支付创新与合规互动

续表

要点	具体职责
合规部门功能	支付机构合规部门的功能应该是识别、评估和检测支付机构所面临的合规风险,并向董事会报告。合规部门应该主动识别和评估与支付机构经营有关的合规风险,包括新产品和新业务的开发,新业务的拓展,新用户关系的建立等;就适用法律、规则和标准等向管理层提出建议;就法律、规则和标准的适当执行,通过政策、程序以及合规手册、内部行为准则和各项操作指引等文件,为员工制定书面指导意见;评估内部各项指引的适当性,及时跟进在政策和程序上已发现的缺陷;实施常规性和综合性的合规风险评估与测试;与外部人员保持联系
合规工作的外包	合规部门的特定工作(如合规测试和监测)可以外包,但要受到合规部门负责人的适当监督

资料来源:《上海银行业动态》,增刊第5期,总第77期①。

网络支付机构参照银行业通用的《巴塞尔协议》对创新业务的合规性进行识别、评估、咨询、监测和报告能够使其业务创新更为审慎且稳健,从而确保对公司本身以及整个行业的经营和盈利状况不会造成重大冲击,更不会引发系统性风险。

---

① 银行内部合规部门,《上海银行业动态》,增刊第5期,总第77期,2005年4月18日

后记 POSTSCRIPT

互联网融合、渗透金融服务催生了网络支付。网络支付作为一种新型金融服务形态，其提供者既包括银行业金融机构也包括非金融机构，但与银行业金融机构提供的"改良型"网络支付服务相比，非金融机构支付服务（俗称第三方支付）的兴起和迅猛发展成为过去十年网络支付领域的主要焦点与独特风景。非金融机构支付服务也以其"百花齐放"、丰富多彩的形态吸引了诸多目光，成为网络支付乃至互联网金融的主要研究对象。

从金融理论界的研究看，尽管网络支付的实践发展十分迅猛，但是网络支付问题在研究界受到的关注却并不十分充分。当下对互联网金融活动的高度关注，也促使我们需要从类似网络支付的新金融活动中切入日益纷繁复杂的经济、金融研究中。

最后，引用我在《从金融改革趋势看中国支付清算行业发展》一文（7月25日发表于《金融时报》）中一段话"过去十余年，中国的支付体系沿着高效、市场化的方向取得了巨大的进展，目前，从市场到监管，中国金融业正在迎来一个快速变革的时代。推动这个变革的动力，来自于对金融危机的反思，来自于实体经济的新需求，也来自于互联网等新兴力量的融入。在经济、金融体系日益复杂的情况下，未来中国的支付清算行业必然也会呈现出新的发展趋势，值得我们继续跟踪关注。"作为《中国网络支付安全白皮书》的结语，并希望有更多的有识之士能够参与、投入到新金融活动的研究与发现之旅中，共同推动网络支付的理论研究与实践的新进步。

巴曙松

2014年1月于纽约哥伦比亚大学